DIE NEUE
OUTDOOR
KÜCHE

DIE NEUE
OUTDOOR
KÜCHE

LINDA LY

FOTOGRAFIEN VON WILL TAYLOR

NATIONAL
GEOGRAPHIC

Für unseren Lichtstrahl, Gemma Lumen.

In deinen ersten sechs Lebensmonaten bist du mit uns in elf Bundesstaaten und sieben Nationalparks gewesen, bist über Landstraßen tief in den Rocky Mountains geholpert, hast Schneewanderungen in Montana und Regenwanderungen in Oregon überstanden, hast in fremden Betten in Zelten, Wohnwagen und Motelzimmern geschlafen. Als geborene Reisende und Entdeckerin hast du all das locker und mit strahlendem Lächeln getan und Freunde gewonnen, wo du auch hinkamst.

Dieses Buch ist genauso sehr deins, wie es unseres ist, und das allergrößte Abenteuer beginnt gerade erst. Am meisten wünschen wir dir ein Leben, in dem du Risiken eingehst, große Träume hast und Dinge tust, die dir Freude bereiten, und dass du dabei immer gut isst.

Wir lieben dich.

Produktmanagement: Doreen Wolff

Übersetzung aus dem Englischen: Gabriele Lichtner

Textredaktion: Jutta Schmolke

Korrektur: Susanne Langer

Satz: Silke Schüler

Umschlaggestaltung: Caroline Daphne Georgiadis, Daphne Design

Herstellung: Barbara Uhlig

Gesamtherstellung GeraNova Bruckmann

Unser komplettes Programm finden Sie unter

 www.nationalgeographic-buch.de

Sind Sie mit diesem Titel zufrieden?

Dann würden wir uns über Ihre Weiterempfehlung freuen. Erzählen Sie es im Freundeskreis, berichten Sie Ihrem Buchhändler, oder bewerten Sie bei Onlinekauf. Und wenn Sie Kritik, Korrekturen, Aktualisierungen haben, freuen wir uns über Ihre Nachricht an

NG Buchverlag, Postfach 40 02 09, D-80702 München oder per E-Mail an info@nationalgeographic-buch.de.

Die Deutsche Nationalbibliothek verzeichnet diese Publikation in der Deutschen Nationalbibliografie; detaillierte bibliografische Daten sind im Internet über http://dnb.d-nb.de abrufbar.

Titel der Originalausgabe: *The new camp cookbook*
Copyright © 2017 Quarto Publishing Group USA Inc.

Zuerst erschienen in 2017 bei Voyageur Press, ein Imprint von Quarto Publishing Group USA Inc., www.quartoknows.com

Copyright © der deutschen Ausgabe: © 2018 NG Buchverlag GmbH
Lizenznehmer von: National Geographic Partners, LLC.
1. Auflage 2018

Copyright Text ©: 2017 Linda Ly
Copyright Fotos ©: Will Taylor

ISBN 978-3-86690-658-7

Seit ihrer Gründung 1888 hat sich die National Geographic Society weltweit an mehr als 12 000 Expeditionen, Forschungs- und Schutzprojekten beteiligt. Die Gesellschaft erhält Fördermittel von National Geographic Partners LLC, unterstützt unter anderem durch Ihren Kauf. Ein Teil der Einnahmen dieses Buches hilft uns bei der lebenswichtigen Arbeit zur Bewahrung unserer Welt. Das legendäre NATIONAL GEOGRAPHIC-Magazin erscheint monatlich. Darin veröffentlichen namhafte Fotografen ihre Bilder und renommierte Autoren berichten aus nahezu allen Wissensgebieten der Welt. National Geographic im TV ist ein Premium Dokumentations-Sender, der ein informatives und unterhaltsames Programm rund um die Themen Wissenschaft, Technik, Geschichte und Weltkulturen bereithält. Falls Sie mehr über National Geographic wissen wollen, besuchen Sie unsere Website unter www.nationalgeographic.de.

INHALT

KAPITEL 4
KLEINE HAPPEN

KAPITEL 5
ABENDMAHLZEITEN

KAPITEL 6
DRINKS UND SÜSSES

EINLEITUNG

Stellen Sie sich Folgendes vor: Es ist ein frischer und -wolkenloser Nachmittag. Nachdem Sie einen Berg in der High Sierra erklommen haben, wandern Sie zurück in Ihr Lager und öffnen kühle Getränke, um diesen weiteren Gipfel zu feiern. Ihre Freunde kümmern sich ums Feuer, während Sie die Steaks würzen. Wanderschuhe werden gegen Sneakers ausgetauscht, Gelächter hallt in der Luft wider. Die Mägen beginnen zu knurren und man reicht salzige Snacks herum. Und wenn sich dann endlich alle um die Feuerstelle versammeln, erscheint ein orangefarbener Mond am Himmel. Sie sehen zu, wie die Flammen das Holz verschlingen, während das erste Steak mit verheißungsvollem Zischen auf dem Grill landet.

Oder stellen Sie sich vor, Sie erreichen den See, an dem Sie seit Ihrer Kindheit jeden Sommer gecampt haben. Jetzt sind Sie mit Ihren eigenen Kindern hier. Sie delegieren, wer das Zelt aufbaut, den Tisch vorbereitet und das Holz fürs Feuer sammelt. Dann stellen Sie Ihren Stuhl am Rand des Sees auf und warten gemütlich, dass Forellen anbeißen. Etwas weiter weg befestigen die Kinder eine Slackline zwischen zwei Bäumen und der Hund rollt sich im Gras zusammen. Über dem See schwirren Libellen, die Vögel zwitschern in den Bäumen. Langsam beginnt es zu dämmern, Sie werden zum Camp gerufen, wo ein knisterndes Feuer und eine hungrige Familie auf Ihren frischen Tagesfang warten.

Ob beim Wandern mit Freunden oder beim Campen mit der Familie, ich liebe das Kochen beim Campen. Das großartige Erlebnis eines Aufenthalts in der wilden Natur kann nur noch durch eine hausgemachte Mahlzeit getoppt werden, selbst wenn man Hunderte Kilometer von zu Hause entfernt ist.

Sobald die Campingsaison beginnt und wir meine Lieblingsberge passiert haben, freue ich mich auf das erste Essen im Wald. Mit den Jahren ist das Kochen inmitten der Elemente und mit ihnen (mit Erde, Feuer, Wind, Wasser und Metall – mehr braucht man nicht fürs Kochen im Freien) wie Meditation für mich geworden.

Ja, beim Campen dauert das Kochen länger als zu Hause. Sie müssen erst den Herd aufbauen oder das Feuer in Gang bringen, die Hitze justieren oder die Kohle aufschichten, um die richtige Wärme zu erzeugen. Dann müssen Sie ein paar Sachen auspacken – und wenn Sie wie ich sind, werden Sie noch Ihre Kochwerkzeuge auf dem Tisch bereitlegen und alle benötigten Gefäße in Reichweite stellen. Aber diese »Arbeit« ist für mich etwas Schönes. Im Freien zu kochen führt dazu, dass man langsamer wird, die Dinge mit mehr Leichtigkeit angeht und bewusster wahrnimmt, wo man ist und was man tut. Das Wetter und die Aussicht gehören schließlich genauso zu Ihrer Mahlzeit wie die Zutaten.

Und dann ist da noch dieses fast Unbeschreibliche: Das Kochen in der Natur hat zweifellos etwas Magisches, was das Essen so viel besser schmecken lässt. Vielleicht liegt es am Duft des Holzes vom rauchenden Grill oder am geschärften Appetit nach einem Abenteuertag. Vielleicht ist es einfach nur die Tatsache, dass frische Zutaten nicht viel Zubereitung brauchen, sodass ihr Geschmack und ihre Textur besonders gut zur Geltung kommen, gerade in den einfachen Gerichten.

Zum ersten Mal fuhr ich an meinem achtundzwanzigsten Geburtstag mit einer großen Gruppe Freunden bei brütender Sommerhitze zum Campen. Wir campierten am Ufer des Kings River, rauschten Stromschnellen hinab, ließen uns in dicken Schwimmreifen schaukeln und schwammen im Fluss.

Am stärksten blieben uns jedoch die Nächte in Erinnerung, in denen wir ums Lagerfeuer saßen, Fleisch und Gemüse grillten und die Wein- und Whiskeyflaschen herumreichten. Unser Zeitempfinden wurde nur vom Mond geleitet, keine Zeitbegrenzung des Alltags galt mehr und ohne Hemmungen teilten wir uns unsere Träume mit. Lange und tiefsinnige Gespräche wechselten ab mit lockerem Geplauder und Gelächter, bis schließlich die letzten Funken im Dunkel der Nacht erloschen.

Das Campen hat uns in die Natur geführt, aber das gemeinsame Essen hat uns einander nahegebracht.

Dieser Trip zum Kings River war der Beginn von jährlich stattfindenden großen Sommercamps, immer an anderen Orten, aber immer mit gutem Essen und tollen Freunden, abends an einem prasselnden Feuer vereint. Wo immer wir auch hinfuhren– vom Kern River zum Sherwin Creek und vom Florence Lake zum Sequoia National Park – jeder Campingtrip begann mit einem Halt am Supermarkt. Die Autos wurden bis unters Dach mit Lebensmitteln beladen, um uns 1 Woche lang satt zu halten (auch, wenn wir nur ein paar Tage blieben).

Das Essen machte jeden unserer Trips noch schöner – die gemeinsame Vorbereitung und die im Schein der Stirnlampen verzehrten Mahlzeiten. Diese waren für uns mehr als reine Nahrungsaufnahme: Sie waren eine Feier des Lebens in der Natur, eine Verneigung vor dem verlangsamten Leben und dem guten Essen.

Heutzutage beschränken sich die Gerichte beim Campen nicht mehr auf die Standardkost von Würstchen und Bohnen oder Tütensuppe. Die Gerichte sind frischer und gesünder, wenn nicht sogar eine einfachere Version dessen, was man zu Hause isst.

In diesem Buch lernen Sie, wie einfach Sie Pfannkuchen aus den Proviantzutaten machen können, statt aus Fertigmischungen. Der Klassiker Ratatouille wird auf dem Grill in farbenfrohe Spieße verwandelt und das vietnamesische Bánh mì wird mit einem klassischen Taco zu einem leckeren kulinarischen Duo. Garnelen und Jakobsmuscheln garen zusammen mit Gewürzen, Würstchen, Kartoffeln und Mais

in einem Folienpäckchen, damit Sie Ihren Lieblings-Meeresfrüchte-Eintopf auch hier im Wald genießen können, ohne den üblichen großen Topf.

Einige Gerichte mögen nostalgisch anmuten, aber es sind nicht die gleichen Rezepte, die Sie aus Ihren Pfadfindertagen oder Familienurlauben kennen. Unsere Gerichte sind vom Essen zu Hause und globalen Einflüssen beeinflusst. Sie spiegeln die Fortschritte der Campingküche wider und haben dabei einen modernen, gesunden Ansatz, um in der Natur zu kochen und zu essen. Gleichzeitig machen sie Spaß und sind unkompliziert. Wenn Ihre letzte Erinnerung ans Kochen auf einem Campingfeuer ein angebranntes Würstchen in einem kalten Brötchen ist, können diese Rezepte sogar Ihre Liebe zum Kochen auf offenem Feuer neu entfachen. Weit weg von zu Hause und unter freiem Himmel wird das Kochen aufs Wesentliche reduziert. Und so wird das Essen selbst zum Abenteuer – aber denken Sie dabei nicht an etwas Nervenaufreibendes oder Schwieriges. Das Kochen beim Campen kann so einfach oder extravagant sein, wie Sie es wünschen, aber das Erlebnis selbst regt Ihre Sinne an, und Sie werden sich dabei lebendig und frei fühlen. Es ist ein Vergnügen, sich aus der Abhängigkeit der eigenen Küche mit den glänzenden Geräten und vielen Spezialgeräten zu befreien, sich auf die eigenen Instinkte zu besinnen, die Flammen zu zähmen und sich der natürlichen Elemente zu bedienen, um etwas Köstliches zuzubereiten.

Jedes Mal, wenn Sie kochen, kann das Ergebnis etwas anders ausfallen. Das kann an der Marke der Holzkohle oder an der Art des Feuerholzes liegen, an der salzigen Luft am Meer, an der Höhe des Campingortes oder am Duft der Nadelbäume, der Ihre Kochstelle umweht. Dadurch ist das Kochen in der Natur immer wieder spannend.

Ob Sie nur 1 Tag oder 1 ganze Woche unterwegs sind, ob Sie in einem Wohnwagen mit allen Schikanen und einer vollständig ausgestatteten Küche wohnen oder in einem leichten Zelt schlafen und Ihr Essen vor allem mit Feuer und Folie zubereiten: Dieses Buch stellt Ihnen praktische Tipps und ein Repertoire an abwandelbaren Rezepten fürs Planen, Packen, Kochen und fürs gute Essen in der herrlichen Natur zur Verfügung.

REZEPTSYMBOLE

Kleine Symbole über den Rezepten weisen auf die jeweils verwendete Art der Kochtechnik beim Campen hin. Damit finden Sie schnell die richtigen Rezepte für Ihren speziellen Camping- und Kochstil.

 **Kochen auf einem Campingherd**
Für die Campingherd-Rezepte brauchen Sie eine Pfanne und einen Topf, manche erfordern auch die Verwendung von zwei Flammen gleichzeitig. Wenn Sie Kocherfahrung haben, können Sie diese Rezepte so anpassen, dass Sie mit entsprechenden Gusseisenpfannen und -töpfen auf einem Gitter über einem Feuer kochen können (siehe »Der Umgang mit dem Grill« auf Seite 25).

 **Kochen auf einem Grill**
Die meisten Grillrezepte sind für einen Standardrost über einem Feuer. Nur einige benötigen einen tragbaren Grill mit Deckel.

 **Kochen in einem Dutch Oven**
Alle Dutch-Oven-Rezepte sind für das Garen direkt auf Holzkohle, Hartholzkohle oder Holzkohlebriketts ausgelegt.

 **Kochen mit Kohle**
Rezepte mit diesem Symbol werden über einer Schicht glühend heißer Kohle zubereitet. Berücksichtigen Sie also die Dauer, bis Ihr Feuerholz nur noch glüht.

 **Rezepte ohne Kochen**
Wenn Sie es schnell und einfach haben wollen, suchen Sie nach Rezepten mit diesem Symbol, die ganz ohne Kochen auskommen.

EINE CAMPINGKÜCHE EINRICHTEN

Du fährst auf den Campingplatz, öffnest die Türen und atmest den Duft der Pinien ein. Dein Telefon hat keinen Empfang, der Alltag scheint meilenweit entfernt zu sein. Das Hab und Gut wird aus dem Auto geschleppt. Während die Sonne hinter den Bäumen verschwindet, nimmst du dir und deinem Kumpel ein kaltes Getränk und richtest dich langsam ein.

AUSSTATTUNG MIT KÜCHENGERÄTEN

Mit den richtigen Geräten können Sie auch im Camp fast alles zubereiten, was Sie zu Hause kochen. Geschäfte für Campingausrüstung bieten jede Menge Zubehör an, das sich durch Vielseitigkeit oder besonders leichtes Gewicht auszeichnet. Wenn Sie mit dem Camper unterwegs sind, haben Sie wahrscheinlich schon das meiste, was man für eine Campingküche braucht. Die einzige Einschränkung ist, was Sie ins Auto packen möchten (oder können) und zum Campingort tragen wollen. Fangen Sie mit dem an, was Sie haben, und je öfter Sie campen, desto besser werden Sie wissen, was Sie persönlich fürs Kochen im Freien brauchen.

Denken Sie daran, dass alte Töpfe und Pfannen, die Sie zu Hause nicht mehr verwenden, beim Campen ein zweites Leben bekommen können. (Tatsächlich benutzen mein Mann und ich noch immer Kochgeschirr, das in seiner Familie seit mehr als hundert Jahren weitervererbt wurde!) Zwar sind moderne Gusseisengeräte bequemerweise häufig schon vorbehandelt, aber auf echten »Vintage«-Gusseisenpfannen findet man häufig eine Patina, auf der nichts anbrät. Durchstöbern Sie Trödelläden und Flohmärkte ruhig danach! Einige meiner liebsten Quellen für neues Zubehör finden Sie auf Seite 218.

DAS WICHTIGSTE KOCHGESCHIRR

Jedes Rezept in diesem Buch wurde mit folgendem Kochgeschirr zubereitet, legen Sie also beim Zubereiten der Mahlzeiten oder beim Abmessen der Zutaten diese Größen zugrunde.

30-cm-Pfanne. Ob Sie für eine Person oder eine Familie mit vier Personen kochen, diese Pfanne kann so einiges.

2-Liter-Topf. Nicht nur für Saucen – auch zum Kochen von Gemüse, Reis und Haferflocken oder zum Wasserkochen für Kaffee oder Tee.

4-Liter-Topf. Er ist nicht zu groß und nicht zu klein. Perfekt für eine Familienmahlzeit oder Glühwein.

Dutch Oven für 6 Liter. Diese Größe eignet sich gut, wenn man noch keine Erfahrung mit dem Dutch Oven hat. Ideal für Braten, Eintöpfe & Co.

Metallspieße. Ein Set von 4 oder 6 Spießen, mindestens 35 cm lang, kann zum Toasten von Marshmallows, aber auch zum Grillen von Fleisch verwendet werden.

Extrastarke Alufolie. Eine Standardrolle von 30 cm Breite reicht meist beim Campen aus.

Kühlbox. Wenn Sie oft mit einer Gruppe campen, sind zwei Kühlboxen praktisch – eine große fürs Essen und eine mittlere für Getränke. Oder eine für rohes Fleisch und eine für schon zubereitete Speisen. Auf längeren Touren ist eine extra Kühlbox für Eis(-würfel) gut, um die Essensbox bei Bedarf damit nachzufüllen.

Plastikbox. Eine, die groß genug für das Kochgeschirr ist, oder mehrere, um Töpfe und Pfannen und kleinere Gegenstände getrennt unterzubringen. Achten Sie auf robuste Boxen, die beim Campen etwas aushalten können.

Campingherd und Brennstoff. Die meisten Herde für Camper ähneln dem Herd, den Sie zu Hause haben. Die besten hochwertige Modelle haben starke Brenner, Selbstanzünder und einen Windwiderstand. Wählen Sie für mehr Flexibilität einen Herd mit zwei Brennern, auf den eine Pfanne und ein Topf nebeneinander passen. Die meisten Campingherde funktionieren mit Propangaskartuschen (die extra gekauft werden müssen), von denen Sie mindestens zwei dabeihaben sollten – je nachdem, wie groß Ihre Gruppe ist und wie häufig Sie kochen wollen. Wenn Sie glauben, nur eine Kartusche zu brauchen, nehmen Sie lieber eine mehr mit, dann sind Sie auf der sicheren Seite.

Feueranzünder. Wenn an Ihrem Campingplatz Feuer erlaubt ist, brauchen Sie ein paar Dinge, um ein Feuer anzuzünden und zu löschen: ein Feuerzeug oder Streichhölzer, eine kleine Axt (falls Sie Anmachholz hacken werden) und einen Eimer oder ein anderes Gefäß für Wasser (Ihre Abwasch-Schüssel kann auch als Feuereimer dienen). Siehe auch **Feuer machen** auf Seite 22 für noch mehr Tipps zum sicheren Umgang mit dem Feuer.

Abwaschzubehör. Sie können eine Spülstation aufbauen, mit einem zusammenklappbaren Becken oder Plastikschüsseln zum Einweichen und Spülen. Oder Sie können sich einfach mit einem großen Eimer begnügen, wenn das für Ihre Bedürfnisse reicht. Dann brauchen Sie noch biologisch abbaubares Geschirrspülmittel, einen Küchenschwamm und/oder eine Bürste, ein paar Geschirrtücher und einen Topfkratzer zum Reinigen von Gusseisen. Für weitere Tipps siehe auch **Abwaschen in der Wildnis** auf Seite 37.

LIEBLINGS-KÜCHENTRICK

Keine Frischhaltefolie zur Hand? Egal! Ein paar Einmal-Duschhauben sind ideal, um Fliegen vom Essen fernzuhalten oder Reste-Schüsseln abzudecken.

Allgemeine Küchenutensilien. Fahren Sie nie ohne folgende Dinge los: Küchenpapier, Handdesinfektionsmittel, extrastarke Abfallbeutel mit Zugband, extrastarke Alufolie, Foldback-Klammern (um zum Beispiel Chipstüten zu verschließen oder um feuchte Geschirrtücher auf eine Leine zu hängen) und wiederverschließbare Gefrierbeutel (um Reste aufzubewahren, für Marinaden und kleineren Abfall beim Wandern).

Pfanne. Eine 30-cm-Pfanne ist beim Campen vielseitig einsetzbar. Sie werden Sie täglich verwenden, wählen Sie also eine robuste Edelstahlpfanne oder eine Antihaftpfanne mit schwerem Boden und einem fest schließenden Deckel, die gut brät und leicht zu säubern ist. Einige Spezialmodelle fürs Campen haben zum einfacheren Verstauen Klappgriffe. Falls das Gewicht nicht stört, ist eine gut vorbehandelte Gusseisenpfanne die einzige, die Sie beim Campen brauchen, da sie sowohl auf einem Herd als auch auf einem Grill benutzt werden kann.

Kochtöpfe. Ein Zwei-Liter-Topf und ein Vier-Liter-Topf sind für die meisten Kochanforderungen beim Campen ausreichend. Einige Töpfe haben einen Schüttrand und eine Literskala, was praktisch zum Kochen von Kaffee- oder Teewasser ist.

Dutch Oven und Zubehör. Wenn Sie die Dutch-Oven-Rezepte in diesem Buch ausprobieren wollen, brauchen Sie einen Dutch Oven zum Campen – einen mit Füßen und einem Deckel mit hochgezogenem Rand. Am vielseitigsten ist einer mit 6 l Fassungsvermögen, in dem Sie alles von Backwaren bis hin zu Suppen und Eintöpfen zubereiten können. Mehr zu Zubehör zum Kochen mit dem **Dutch-Oven** auf Seite 33.

Geschirr. Eine Sammlung unzerbrechlicher Teller, Schüsseln und Becher und dazu Besteck. Wenn Sie öfter Steaks grillen möchten, ist ein Set Steakmesser beim Campen sehr nützlich.

Rührschüsseln. Mindestens zwei große Rührschüssel sollte man für Teig, Salat, Guacamole und anderes für mehrere Leute dabeihaben. Um Platz zu sparen, kaufen Sie am besten Schüsseln, die faltbar sind oder ineinander passen.

Schneidebretter. Zwei Schneidebretter sollten es mindestens sein, um rohes Fleisch und frische Lebensmittel getrennt voneinander schneiden zu können. Nehmen Sie robuste und schwere Bretter, möglichst solche mit einer Ablaufrinne, in der zum Beispiel Fleischsaft oder Saft von Tomaten aufgefangen werden kann. Wenn Sie nicht genügend Platz haben, packen Sie stattdessen ein paar flexible Schneidematten ein.

Messer. Je nach Ihren Kochvorhaben ein Kochmesser, ein kleines Gemüsemesser oder ein Sägemesser. Wickeln Sie die

LIEBLINGS-KÜCHENTRICK

Wenn Sie gern Rezepte zubereiten, bei denen gerührt werden muss, kann es sich lohnen, ein Standrührgerät mitzunehmen. Ist man jedoch ohne Camper und Stromanschluss unterwegs, tut es auch ein einfacher Schneebesen. Oder man improvisiert, indem man zwei Gabeln mit den Spitzen der Zinken zusammenlegt, und rührt los.

Messer in ein Geschirrtuch und sichern Sie sie zum Schutz mit einem Gummiring oder Haushaltsgummi. Wenn Sie nicht Ihre guten Messer von zu Hause mitnehmen möchten, kaufen Sie sich eins zum Campen, dessen Verlust Sie nicht schmerzen würde. Keramikmesser sind zum Campen besonders geeignet. Sie sind scharf (und behalten ihre Schärfe länger als die üblichen Stahlklingen), sehr leicht und preiswert. Viele sind gleich mit einer Schutzhülle ausgestattet.

Kleine Geräte und Utensilien. Das sollte auf jeden Fall dabei sein: großer, stabiler Löffel, Pfannenwender, Zange, Schere oder Küchenschere, Metallspieße, Messbecher, Käsereibe (kann gleichzeitig als Zitrusschalenreibe dienen), Gemüseschäler (kann auch als Käsehobel verwendet werden), Dosenöffner, Flaschenöffner und Korkenzieher. Wenn Sie grillen wollen, finden Sie auf Seite 27 unter **Werkzeugkiste zum Grillen** alle wichtigen Utensilien.

Stirnlampe. Eine Stirnlampe ist in zahlreichen Situationen beim Campen nützlich, auch beim Kochen und Abwaschen im Dunkeln. Sie lenkt das Licht dorthin, wo Sie es gerade brauchen. (Denken Sie an Ersatzbatterien!)

GUT ZU HABEN, ABER NICHT UNBEDINGT NÖTIG

Wenn Sie besonders gut vorbereitet campen wollen – diese Dinge erleichtern Ihnen Ihr Campingleben.

Kaffee-Ausrüstung zum Campen. Sie können nicht ohne Kaffee in den Tag starten? Dann bewahren Sie eine Kaffee-Ausrüstung in der Nähe auf, damit Sie nicht jeden Morgen Ihre großen Boxen durchwühlen müssen. Auf Seite 201 zeige ich Ihnen, wie Sie Ihre Ausrüstung zusammenstellen.

Tischdecke. Picknicktische auf Campingplätzen sind manchmal etwas unansehnlich. Nehmen Sie eine strapazierfähige Tischdecke mit (mindestens 1,80 m lang), um Flecken abzudecken, als saubere Unterlage für die Essenszubereitung und um Ihrem Campingplatz ein bisschen Atmosphäre zu geben. Halten Sie Klammern bereit, um die Decke zu fixieren, falls es windig ist.

Essensbehälter. Gut ist ein kleines, leichtes, bruchsicheres Set, das ineinander passt. Unterwegs nützlich für Essen sowie für Reste und notfalls als Rührgefäße.

Topflappen oder Ofenhandschuhe. Einfache Handschuhe aus Silikon können auch als Untersetzer dienen.

Einmalhandschuhe. Zum Beispiel nützlich, um Abfall aufzuheben oder rohes Fleisch zu verarbeiten.

Antibakterielle Wischtücher. Diese sind am Ende Ihrer Campingtour super praktisch, um den Herd, die Tische und andere Dinge abzuwischen.

Erste-Hilfe-Kasten. Wenn Sie beim Campen bereits ein Erste-Hilfe-Set dabeihaben, brauchen Sie zudem nur etwas Verbandmaterial bei der Küchenausstattung für übliche Kochverletzungen wie Schnittwunden.

PROVIANTVORRAT ZUSAMMENSTELLEN

Ein gut bestückter Vorrat ist ein wichtiger Bestandteil jeder Campingküche. Diese Vorräte bilden die Grundlage aller guten Rezepte, denn mit den richtigen Zutaten kann man einem Gericht Geschmackstiefe verleihen oder eine Mahlzeit perfekt abrunden. Sie sollten sich auf die Zutaten beschränken, die bei den meisten Mahlzeiten das Maximum an Geschmack herausholen.

Schreiben Sie sich eine Liste mit den Gerichten, die Sie beim Campen essen und kochen wollen. Stellen Sie dann einen Vorrat mit haltbaren Grundnahrungsmitteln für diese Rezepte zusammen und bewahren Sie sie an einem trockenen, kühlen Ort auf. Wenn Sie oft benutzte Lebensmittel ständig im Vorrat haben, müssen Sie vor einer Tour nicht mehr daran denken.

Für Ihren Camping-Proviantvorrat brauchen Sie eine **große Plastikkiste** und ein paar **kleinere Behälter oder Beutel**, um Dinge zusammenzuhalten. Die Plastikkiste sollte strapazierfähig und möglichst mit einem Schloss versehen sein, um Nagetiere und andere kleinere Tiere am Durchstöbern Ihres Essens zu hindern.

Wie Ihr Küchengerät auch, hängt dieser Proviantvorrat von Ihrem speziellen Kochstil und Ihren Ernährungsgewohnheiten ab. Die Vorschläge auf diesen Seiten sind ein guter Anfang für den neuen (oder nur gelegentlichen) Campingkoch, werden aber sicher noch durch Ihren Geschmack und Ihre persönlichen Vorlieben erweitert.

Gehen Sie am Beginn und am Ende jeder Campingsaison in Ruhe Ihren Grundvorrat durch, damit er haltbar und vor allem gut befüllt bleibt. Füllen Sie häufig gebrauchte Sachen nach, ersetzen Sie ranzig und schal gewordene Dinge und entfernen Sie das, was Sie kaum benutzt haben.

Fette

Fett wird in fast jedem Rezept in diesem Buch verwendet und ist unverzichtbar. Nach Hunderten Campingtrips weiß ich, dass ich immer wieder zu den unten aufgeführten greife. Am häufigsten benutze ich eine Flasche Olivenöl-Spray. Die Handhabung ist viel praktischer, als das Öl über das Essen zu träufeln oder zu pinseln, und Gusseisen lässt sich damit spielend leicht behandeln. Wenn Sie Butter mögen, diese aber dauernd in der Kühlbox suchen müssen, nehmen Sie lieber ein Glas Ghee (geklärte Butter) mit – Ghee muss nicht gekühlt werden.

✕ Butter

✕ Olivenöl-Spray (oder Ihr bevorzugtes Koch-Spray)

✕ Olivenöl (oder Ihr Lieblingsöl zum Kochen und Verfeinern)

✕ hoch erhitzbares Sonnenblumenöl (oder Ihr bevorzugtes hoch erhitzbares Öl)

Gewürze

Die Ausstattung mit Gewürzen fürs Campen hängt von Ihrem Kochstil ab, aber ein guter Ausgangspunkt sind die unten genannten Grundgewürze. Fleischliebhaber möchten vielleicht eine Gewürzmischung für Steaks oder Geflügel zufügen. Wenn für Sie Desserts auf den Speiseplan gehören, ist Zimtpulver ein Muss. Kaufen Sie kleine Gewürzbehälter, damit die Gewürze länger frisch bleiben oder füllen Sie von Ihren Gewürzen zu Hause etwas in Reisebehälter um.

✕ Salz

✕ gemahlener schwarzer Pfeffer (oder schwarzer Pfeffer in der Mühle)

✕ rote Chiliflocken

✕ Knoblauchpulver

✕ getrocknete italienische Kräuter

✕ mexikanische Gewürzmischung (Seite 175)

Süßungsmittel

Weißer Zucker ist zum Kochen das vielseitigste Süßungsmittel, aber wenn es der Platz erlaubt, können Sie Rohrohrzucker, braunen Zucker oder andere von Ihnen favorisierte Zuckerarten hinzufügen. Zum einfachen Lagern füllen Sie Zucker von zu Hause in Reisebehälter ab.

✕ Zucker

✕ flüssiger Honig

✕ Ahornsirup

Geschmacksgeber

Knoblauch und Zwiebeln sind meine Lieblingszutaten, um Gerichten das gewisse Etwas zuverleihen. Wenn Sie viel Knoblauch verwenden möchten, können Sie beim Campen mit dem Kauf von eingelegtem und somit schon geschältem Knoblauch eine Menge Zeit sparen.

✕ Knoblauch

✕ Zwiebeln und/oder Schalotten

Saucen und Würzmittel

Natürlich können Sie nicht alle Saucen von zu Hause mit zum Campen schleppen, aber ein paar Sachen sind wichtig, um Ihre Gericht abzurunden. Flüssige Saucen füllen Sie zur einfachen Portionierung in wiederverwendbare Plastik-Quetschflaschen um; so sparen Sie Gewicht und haben weniger zerbrechliches Material dabei. Am besten bewahren Sie alle Flaschen in Getränketaschen mit einzelnen Fächern auf.

✕ Essig (Balsamico-, Wein- oder Apfelessig)

✕ Sojasauce oder Tamari

✕ Ketchup

✕ Senf

✕ Mayonnaise

✕ Chilisauce oder Sriracha

Lebensmittel in Dosen und Gläsern

Obwohl ich frische Lebensmittel generell bevorzuge, gibt es doch ein paar, die ich für die Vorbereitung von Saucen, Suppen und Salaten immer in Dosen vorrätig habe. Brühe kaufe ich gern in wiederverschließbaren Gläsern, die leicht in der

Kühlbox unterzubringen sind. Halten Sie nach qualitativ hochwertigen Dosentomaten Ausschau. Ein gutes Zeichen ist es, wenn Sie eine Tomate direkt aus der Dose essen können, ohne das Gesicht zu verziehen.

× Hühner- oder Gemüsebrühe (oder Brühwürfel)

× stückige Tomaten

× Hülsenfrüchte (schwarze Bohnen, Cannellini-Bohnen, Kichererbsen oder Ihre favorisierten Hülsenfrüchte)

Schnelle Beilagen

Wenn Sie gerne etwas Sättigendes zu Ihren Mahlzeiten essen, sind Sie mit diesen Beilagen auf der sicheren Seite. Sie sind in höchstens 20 Minuten gar und Sie sparen Zeit und Brennstoff. Die Tüten sind gut unterzubringen und Sie sind jederzeit vorbereitet.

× Couscous (Perl-Couscous oder Instant)

× Quinoa

× Bulgur

× weißer Reis

× geschroteter Emmer

× Orzo

× Soba

Getränke

Lagern Sie alle Tütchen und Päckchen in einem wiederverschließbaren Gefrierbeutel und füllen Sie Ihren Vorrat nach dem Campingtrip wieder auf. Kaffeebohnen und gemahlener Kaffee sollten erst kurz vor Abfahrt gekauft werden. Und was davon übrig bleibt, verbraucht man zu Hause.

× Teebeutel

× Kaffeebohnen, gemahlener Kaffee oder Instant-Kaffee

× Selbst gemachte Mischung für heiße Schokolade (Seite 204, oder Ihre bevorzugte Fertigmischung)

Fertiges für alle Fälle

Vielleicht hat es sich ein Nagetier in Ihrer Lebensmitteltüte bequem gemacht oder Sie kehren später als gedacht zum Camp zurück und sind zu müde zum Kochen. Für solche und ähnliche Fälle ist es gut, ein paar unverderbliche Lebensmittel dabeizuhaben.

× Ramen-Nudeln

× Dosensuppen

× Misosuppe-Tütchen

× Thunfisch in Dosen

DER KICK FÜR VIELE GERICHTE

Gewürze, Süßungsmittel und Saucen sind nicht die einzigen Zutaten, die Ihrem Essen mehr Geschmack verleihen. Mit nur ein paar ausgewählten Sachen in Ihrer Camping-Speisekammer können Sie jedem etwas faden Gericht einen Extra-Kick verleihen.

Schale von unbehandelten Zitrusfrüchten gibt Suppen, Eintöpfen, Salaten und Dressings eine frische Note. Wenn Sie sowieso Orangen, Zitronen oder Limetten dabeihaben, können Sie sie auf diese Art doppelt nutzen. Mit einer Käsereibe lässt sich die Schale leicht abreiben.

Kräuterbutter macht ein Toastbrot spannender, aber ganz besonders kommt sie auf gegrilltem Steak oder Gemüse zur Geltung. Siehe Seite 160 und 161 mit einigen meiner Lieblingsrezepte.

Würzige Käse wie Parmesan, Feta, Gorgonzola und Ziegenkäse können bereits mit wenig viel ausrichten. Vor allem Hartkäse (einschließlich altem Gouda und Pecorino) halten sich ohne Kühlung mehrere Tage und werden sogar intensiver im Geschmack.

Nüsse verleihen einem Gericht nicht nur mehr Geschmack, sondern auch mehr Biss.

MAHLZEITEN ORGANISIEREN

Das Gelingen einer Campingtour hängt vor allem von einer guten Planung ab, das gilt für die Campingküche ganz besonders. Wenn Sie Ihr Essen vorher und unterwegs gut organisieren, bleiben die Lebensmittel frisch und es verbreiten sich keine Keime. Und Sie sparen Geld, weil weniger verdirbt. Zudem wird die Antwort auf die Lieblingsfrage aller Teilnehmer leicht gemacht, nämlich »Was gibt's zu essen?«

Wenn Sie etwas Mühe vom Vorbereiten der Zutaten bis hin zum Packen der Kühlbox investieren, erleichtert das unterwegs die Zusammenstellung einer Mahlzeit. (Mehr Hinweise zum richtigen Umgang mit dem Essen im Kapitel Sicherheit ist das A und O auf Seite 36.)

Stellen Sie einen Speiseplan auf

Es ist nicht nötig, jede Mahlzeit nach Rezept zu kochen, aber Sie sollten ungefähr wissen, was Sie jeden Tag essen möchten, sodass es beim Einkauf, bei der Vorbereitung und beim Kochen weniger Abfall gibt. Wenn Sie einen Plan haben, bevor Sie losfahren, liegt die meiste Arbeit schon hinter Ihnen und Sie können sich auf den Spaß konzentrieren: das Kochen sowie das Essen und Trinken in der Natur!

Planen Sie Ihre Mahlzeiten. Wenn Sie zusammenstellen, was Sie beim Campen gerne essen möchten, achten Sie auf eine realistische Mischung aus aufwändigeren Rezepten und einfachem Essen. Planen Sie leicht verderbliche Zutaten wie Brot, Meeresfrüchte, frisches Fleisch und frische Beeren am Anfang der Tour ein. Abgepackte Nahrungsmittel und solche in Dosen halten sich länger.

Weniger ist mehr. Wenn Sie verschiedene Mahlzeiten mit den gleichen Zutaten planen, müssen Sie weniger einkaufen und bringen weniger mit zurück. Im Buch finden Sie Rezepte mit Tipps zur Resteverwertung. Planen Sie eventuelle Reste gleich für nächste Mahlzeiten mit ein (Frittatas, Eintöpfe, Salate und Suppen eignen sich hierfür gut.)

Vorbereitung zu Hause. Bei vielen Rezepten in diesem Buch gibt es auch Arbeitsschritte mit dem Hinweis »Zu Hause«. Dabei handelt es sich zum Beispiel um Saucen, die Sie schon zu Hause vorbereiten und dann mit zum Campen nehmen.

Und für die erste Abendmahlzeit können Sie zu Hause ein Essen vorkochen, das Sie nur noch aufzuwärmen brauchen oder auch kalt essen können.

Timing ist alles. Überlegen Sie, was Sie am Tag alles vorhaben und planen Sie auch genug Zeit zum Kochen ein; schließlich wollen Sie nicht bei Sonnenuntergang vom Wandern zurückkommen und feststellen, dass Ihr vorgesehenes Dutch-Oven-Rezept 3 Stunden dauert.

WENIGER KÜCHENARBEIT

× Kaufen Sie vorgewaschene Salate. So sparen Sie nicht nur Zeit, sondern auch Wasser, falls es auf Ihrem Campingplatz kein Trinkwasser gibt.

× Geschälte Knoblauchzehen und geriebener Ingwer in Tuben (gibt es in Asialäden) sind praktisch und haben viel Aroma.

× Schneiden und würfeln Sie so viele Lebensmittel wie möglich zu Hause und lagern Sie die Zutaten nach Mahlzeiten getrennt in wiederverschließbaren Gefrierbeuteln.

× Schlagen Sie Eier in luftdichte Behälter auf und lagern Sie diese in der Kühlbox. Sie halten sich 2 bis 4 Tage und können für Rührei (Seite 59), Frittata (Seite 65), Eierkuchen (Seite 217) und andere Eirezepte verwendet werden.

Das Packen einer Kühlbox

Je dicker die Wände einer Kühlbox sind, desto besser ist sie isoliert und desto länger bleibt der Inhalt kalt. Eine sehr gut isolierende Kühlbox ist nicht billig, aber das Eis bzw. die Eiswürfel halten sich tagelang. Wenn Sie längere und weitere Campingtouren vorhaben, lohnt sich die Investition.

Fahren Sie mit einer kalten Kühlbox los. Kühlboxen sind dazu gemacht, die Temperatur zu halten, egal ob heiß oder kalt. Öffnen Sie Ihre Kühlbox also einen Tag vor der Abreise

Sie alles, was in die Kühlbox kommt, vorher in den Kühlschrank. Auch Wasser, Bier, Obst und Gemüse! Noch besser – frieren Sie es, wenn möglich, ein! Fleisch kann in der Marinade eingefroren werden und Plastikflaschen mit selbst gemachten Saucen können sogar als Eiselemente dienen, bis sie auftauen. Weithalsflaschen mit gefrorenem Wasser werden am Ende Ihrer Tour zum Durstlöscher.

Zuerst hinein, als Letztes hinaus. Packen Sie die Sachen in chronologischer Reihenfolge in die Kühlbox. Lebensmittel, die Sie am letzten Tag essen werden, kommen zuerst hinein, und zuletzt das, was Sie am ersten Tag verwenden. Packen Sie Zutaten nach Rezepten zusammen ein, um die Essensvorbereitung zu vereinfachen und die Zeit zu verkürzen, die die Kühlbox offen steht. Lagern Sie ähnliche Zutaten zusammen.

Packen Sie in Lagen. Beginnen Sie mit dem Eis am Boden, dann eine Lage rohes Fleisch, Geflügel und Meeresfrüchte (um eine Kreuz-Kontamination zu vermeiden) und darauf wieder Eis. Gehen Sie davon aus, dass alles in der Kühlbox feucht wird, bringen Sie also unverpackte Lebensmittel in wasserdichten Behältern unter und schichten Sie abwechselnd jeweils eine Lage Lebensmittel und Eis hinein, bis die Kühlbox ganz vollgepackt ist. Luft bzw. Lücken sollten vermieden werden. Falls jedoch nicht mehr genug Eis zum Füllen der Lücken da ist, legen Sie ein Handtuch hinein. Es verdrängt warme Luft und sorgt dafür, dass kalte Luft drinbleibt.

Stellen Sie die Box in den Schatten, während Sie die Sonne genießen. Wenn die Kühlbox in der Sonne stehen muss, schützen Sie sie mit einer Plane oder einer Decke.

Kippen Sie das Wasser nicht aus. Wenn Sie kein frisches Eis hinzufügen, lassen Sie das Wasser vom geschmolzenen Eis in der Kühlbox. Es ist fast so kalt wie das Eis selbst und hilft, das noch vorhandene Eis zu isolieren. Bewahren Sie die Kälte in der Box, indem Sie sie bei Nichtgebrauch fest geschlossen und verriegelt halten.

und lassen Sie sie auslüften, vor allem, wenn Sie in einem warmen Ort stand. Sie können zusätzlich einen Beutel Eis ein paar Stunden vor Beginn Ihrer Tour hineinlegen. Wenn es Zeit zum Packen ist, ersetzen Sie es durch frisches Eis.

Sparen Sie nicht mit Eiswürfeln. Wenn Sie sie im Laden kaufen, greifen Sie dort tief in die Kühltruhe, um an besonders kalte Beutel zu kommen. Kaufen Sie genug, um Ihre Kühlbox randvoll zu packen, da sich jede Lücke mit warmer Luft füllt.

Sinnvoll verteilen. Wenn möglich, bringen Sie Getränke und Essen (oder rohes Fleisch) in getrennten Kühlboxen unter. Je weniger die Essens-Box im Laufe des Tages geöffnet wird, desto länger bleibt das Eis gefroren.

Nur Gekühltes einpacken. Warmes Essen oder solches mit Raumtemperatur lässt das Eis schneller schmelzen. Stellen

Wenn Sie wieder zu Hause sind, spülen Sie die Kühlbox gut aus und trocknen Sie sie ab, damit sie für Ihren nächsten Campingtrip sauber und geruchsfrei ist.

FEUER MACHEN

Für viele ist das Schönste an einer Campingreise, dass Familie oder Freunde am Feuer zusammenkommen und das Essen dabei. Viele Geschichten wurden an einem prasselnden Feuer erzählt und viel Stockbrot darin geröstet.

Essen direkt über dem brennenden Holz zuzubereiten, ist eine alte Tradition beim Campen, ob man grillt (siehe Seite 25) oder in Folie gart (siehe Seite 30). Es ist wunderbar einfach, erfüllt den ganzen Campingplatz mit dem nostalgischen Duft des Campfeuers und gibt dem Essen einen rauchigen, holzigen Geschmack. Zum Anzünden eines Campfeuers, das über Stunden brennt und sehr gute Kohle ergibt, brauchen Sie drei Dinge: Zunder, Kleinholz und Feuerholz.

Zunder ist trockenes Material, das sich leicht mit nur einem Funken entzünden lässt, zum Beispiel trockenes Gras, trockene Blätter oder trockener Waldboden. Auch Materialien, die Sie von zu Hause mitgebracht haben, gehören dazu, zum Beispiel Zeitungspapier oder die Flusen aus dem Wäschetrockner.

Kleinholz besteht aus kleinen Stöcken oder Zweigen mit höchstens 2 cm Durchmesser, die das Feuer weiterbrennen lassen, wenn der Zunder erloschen ist.

Feuerholz besteht aus großen Holzscheiten, die das Feuer lange Zeit brennen lassen.

Es gibt mehrere Arten, ein Feuer anzuzünden und bei jeder Art wieder Variationen. Die beiden im Folgenden beschriebenen Methoden haben jeweils ihre Vorteile, suchen Sie sich also diejenige aus, die für Ihre Situation am besten passt.

Tipi-Methode

Häufen Sie eine Handvoll Zunder lose in der Mitte der Feuergrube auf. Bauen Sie darüber ein Tipi-Zelt aus Kleinholz, indem Sie die Stöcke aneinander lehnen und dazwischen Luft für den Durchzug lassen. Nun stecken Sie den Zunder im Tipi an. Wenn das Kleinholz Feuer gefangen hat, können Sie das Feuerholz darauflegen: zuerst die kleineren Holzscheite, und wenn das Feuer gut brennt, nach und nach größere.

WERKZEUGTIPP

Sie brauchen mindestens einen langen Stock, um Holz und später Kohle in der Feuergrube umzulagern, darüber hinaus können folgende Werkzeuge einige Aufgaben erleichtern:

× **eine Axt,** um aus gekauftem Feuerholz Kleinholz zu machen, wenn Sie um den Campingplatz herum kein Kleinholz finden,

× **eine kleine Schaufel,** um die Feuergrube zu säubern und die Kohle zu verteilen,

× **einen Eimer** (oder eine Spülschüssel, siehe Seite 15), mit Wasser gefüllt, um das Feuer zu löschen.

Die Blockhütten-Methode

Legen Sie in die Mitte der Feuergrube zwei Feuerhölzer mit 15–20 cm Abstand parallel zueinander. Quer zu diesen Hölzern legen Sie eine parallele Reihe Kleinholz darauf, die den Boden bildet. Darauf schichten Sie einen kleinen Berg Zunder auf. Nun wieder zwei Feuerhölzer über das Kleinholz legen, darauf quer zu diesen wieder Kleinholz. Noch mehr Feuerholz darauflegen, und mit jeder Schicht die Richtung ändern, bis das Ganze einer kleinen Blockhütte ähnelt. Die letzten beiden Feuerhölzer kommen in die Mitte, sodass sie die Flammen einfangen. Nun den Zunder anzünden, und wenn das Feuer gut brennt, nach und nach mehr Feuerholz nachlegen.

Das Kochen vorbereiten

Wenn die Flammen nur noch niedrig sind und das Holz wie Brocken aus Asche auf einem glühenden Kohlebett aussieht (das dauert mindesten 45 Minuten bis zu 1 Stunde), kann man mit dem Kochen auf einem Grill oder direkt auf der Kohle beginnen. 1 oder 2 Holzscheite kann man abseits der Feuerstelle in der Feuergrube brennen lassen, falls man später mehr Brennstoff für das Feuer braucht.

Das Feuer löschen

Legen Sie 1 Stunde, bevor Sie schlafen gehen oder das Camp verlassen wollen, kein Holz mehr nach. Wenn das Feuer nicht mehr brennt, Kohle in der Grube ausbreiten und viel Wasser daraufgießen. Asche umrühren und wieder Wasser daraufgießen, bis die Kohle ganz erkaltet ist. Wenn Sie Ihre Hand ein paar Zentimeter über den Kohlen halten, dürfen Sie keine heißen Stellen mehr fühlen.

DER UMGANG MIT DEM GRILL

Grillen vereint die drei allerbesten Dinge am Campen: Feuer, Essen und den offenen Himmel. Es kann einfaches Essen in Mahlzeiten verwandeln, die mit denen in einem trendy Restaurant mithalten können, und es bringt Leute aus allen Lebensbereichen zusammen. (Wie oft haben Sie gesehen, dass Leute sich einen Stuhl zum Grill heranziehen, anstoßen, singen und die Gitarre zupfen? Genau!)

Wenn Sie den Grill mit Holz oder Holzkohle anfeuern, führt dieses Kapitel Sie durch die ersten Schritte, um das richtige Brennmaterial auszusuchen und das Kochen vorzubereiten. Mit etwas Übung können die Mahlzeiten, die Sie über einer Feuergrube oder auf einem tragbaren Grill kochen, so großartig werden wie auf Ihrem Gasgrill zu Hause.

Brennstoffe

Als Brennstoff für Ihr Feuer können Sie zwischen Holz, Hartholzkohle und Briketts wählen.

Holz ist besonders attraktiv für Camper, die es lieben, über knisterndem Feuer zu kochen. Wenn es in dem umge-

REGELN RUND UMS FEUERMACHEN

× Fragen Sie immer beim Campingplatzwart oder bei der Ranger-Station nach, ob es erlaubt ist, Feuer zu machen – vor allem, wenn große Waldbrandgefahr besteht. Manchmal gelten Beschränkungen nur zu bestimmten Zeiten. In manchen Gegenden ist auch eine vorher einzuholende Erlaubnis zum Feuermachen erforderlich.

× Zünden Sie auf Campingplätzen das Feuer nur in den dafür vorgesehenen Gruben an, damit es nicht auf die Umgebung übergeht.

× Machen Sie auf unerschlossenen Campingorten das Feuer in vorhandenen Feuergruben, falls vorherige Camper diese hinterlassen haben. Wenn Sie eine neue Feuergrube graben, tun Sie dies mindestens 3 bis 6 Meter von Zelten, Bäumen und anderen brennbaren Objekten entfernt. Säubern Sie eine Stelle von etwa 1 Meter Durchmesser bis auf die Erde und begrenzen Sie sie rundum mit großen Steinen. Bauen Sie die Feuerstelle zurück, wenn Sie den Campingplatz verlassen.

× Bringen Sie eigenes Kleinholz und Feuerholz mit, wenn es in der Gegend verboten ist, Holz zu sammeln.

× Verwenden Sie möglichst nur Feuerholz aus der Gegend, um keine Schädlinge in den Wald einzuschleppen. Auf einigen Campingplätzen muss das Holz vor Ort gekauft werden, informieren Sie sich vor Ihrer Tour darüber.

× Lassen Sie Ihr Campfeuer nie unbeaufsichtigt! Die Flammen müssen vollständig erloschen und die Kohle erkaltet sein, wenn Sie wieder abreisen.

benden Wald erlaubt ist, kann das Holz leicht gesammelt werden. Und mit etwas Know-how kann man das Feuer in Gang bringen, ohne auf Flüssiganzünder zurückgreifen zu müssen. (Siehe **Feuer machen** auf Seite 22.) Sie können fast jede Holzart nehmen, das Holz darf nur nicht feucht und harzig sein. Hartholz wie Eiche und Ahorn ist dichter und brennt länger als Weichholz, daher ist es ideal zum Grillen. Der Nachteil bei Holz als Brennstoff ist, dass man vor dem Kochen warten muss, bis es zu einer glühenden Kohleschicht niedergebrannt ist.

Hartholzkohle besteht aus verkohlten Hartholzstückchen. Verglichen mit Holzkohlebriketts enthalten sie keine Zusatzstoffe, fangen schneller Feuer und verbrennen heißer

und sauberer. Daher sind sie das bevorzugte Brennmaterial von Grillpuristen, die ein starkes, holziges Feuer mögen. Hartholzkohle kann bis zu 750 ˚C heiß werden, während Holzkohlebriketts nur 430 ˚C erreichen. Hartholzkohle ist jedoch auch teurer und verbrennt schneller. Sie erzeugt keine gleichmäßige Wärme, daher erfordert sie fürs optimale Grillen etwas mehr Erfahrung. Je nach Kochgut kann Hartholzkohle von Vor- oder Nachteil sein.

Holzkohlebriketts sind preiswert, brennen zuverlässig und sind leicht erhältlich, zum Beispiel im Supermarkt oder an Tankstellen. Sie bestehen aus Holzabfällen, Bindemitteln und Füllstoffen, die zur charakteristischen Kissenform gepresst wurden. Diese Standardform, -größe und Zusammensetzung lässt die Holzkohlebriketts gleichmäßiger brennen als Hartholzkohle, die Temperatur bleibt über einen längeren Zeitraum gleich hoch. Für Anfänger sind die Briketts leichter zu handhaben. Allerdings hinterlässt dieses Produkt viel Asche. Und Instant-Briketts, die in Anzündflüssigkeit getaucht sind, können einen unerwünschten Geschmack auf dem Grillgut hinterlassen. Vermeiden Sie diese daher lieber ganz oder verwenden Sie sie nur für das

Kochen im Dutch Oven, bei dem sie nicht mit dem Essen in Berührung kommen. Wenn Sie »natürliche« oder »Hartholz«-Briketts kaufen, berücksichtigen Sie, dass sie länger brauchen, bis sie brennen und dann fast so schnell niederbrennen wie Hartholzkohle.

Eine Mischung aus Hartholzkohle und Holzkohlebriketts kann man ebenfalls zum Grillen verwenden, um einen guten Geschmack und eine beständig hohe Hitze zu erreichen.

WERKZEUGKISTE ZUM GRILLEN

Mit dem richtigen Werkzeug werden Sie schnell zum Grillmeister. Statten Sie sich am besten damit aus:

Grillbürste. Nur ein sauberer Grill sorgt für ungetrübten Grillgenuss. Schrubben Sie ihn vor jeder Grillsaison mit einer Drahtbürste gut ab.

Anzündkamin. Lassen Sie den Flüssiganzünder links liegen und wählen Sie lieber diese sauberere Art, Ihre Holzkohle anzuzünden. Damit können Sie in weniger als 20 Minuten mit dem Kochen beginnen.

Edelstahl-Grillzange. Schaffen Sie sich eine robuste Zange mit rutschfesten Griffen an, mit der Sie problemlos dicke Fleischstücke umdrehen können. Mit einer 40 cm langen Zange sind Ihre Hände in sicherer Entfernung vor der sengenden Hitze.

Edelstahl-Pfannenwender. Den brauchen Sie für mehr als nur fürs Burger-Umdrehen. Kaufen Sie einen robusten Wender mit einem niedrigen, angeschrägten Rand, der auch für zartes Bratgut wie Fisch geeignet ist. Für tragbare Grills reicht ein Pfannenwender mit kurzem Griff,

fürs Grillen über einer Feuergrube brauchen Sie einen mit langem Stiel.

Bratenpinsel. Ein leicht zu säubernder Silikonpinsel ist hilfreich, um Ihr Bratgut beim Grillen mit Bratfett einzustreichen oder zu glasieren.

Lederhandschuhe. Wenn Sie mit den Händen nah an heiße Kohle

müssen, sind Schweißerhandschuhe aus Leder perfekt. Sie widerstehen der Hitze besser als Silikon- oder Ofenhandschuhe.

Metallspieße. Sie sind viel praktischer als Holzspieße. Ein Set 35-cm-langer Metallspieße ist universal einsetzbar.

Holzkohle vorbereiten

Wenn Sie über Holzkohle grillen wollen, folgen Sie zunächst der Anleitung **Feuer machen** auf Seite 22. Halten Sie das Feuer klein, dann dauert es nicht so lange, bis es zu Kohle niedergebrannt ist. Mit 45 Minuten bis zu 1 Stunde müssen Sie rechnen, bis die Holzscheite zu rot glühender Kohle geworden sind. Breiten Sie diese mit einem mindestens 1 Meter langen Stock oder einer kleinen Schaufel in der Grube aus, um darüber zu grillen. Wenn Ihr Essen fertig ist, können Sie mehr Holzscheite nachlegen, um sich an einem größeren Feuer zu erfreuen.

Verwendung eines Anzündkamins

Eine einfache und effiziente Methode, um jede Art von Holzkohle ohne Anzündflüssigkeit zum Brennen zu bringen, ist ein Anzündkamin (siehe **Werkzeugkiste zum Grillen** auf Seite 27). Mit diesem preiswerten und leichten Gerät entzünden Sie Holzkohle sauber, schnell, gleichmäßig und ohne jede Spur chemischen Geruchs (oder Geschmacks) in Ihrer Grillmahlzeit.

Stellen Sie den Anzündkamin in Ihre Feuergrube, auf das Grillgitter oder auf eine andere sichere, feuerfeste Unterlage. Legen Sie etwas zusammengeknülltes Zeitungspapier auf den Boden des Anzündkamins unter das Drahtgitter und befüllen Sie den Kamin dann von oben mit Holzkohle oder Holzkohlebriketts. (Tipp: Nehmen Sie etwas mehr, als Sie meinen zu brauchen, falls Sie zu schnell niedergebranntes Material ersetzen müssen.) Zünden Sie das Zeitungspapier an, damit die Flammen die Holzkohle am Boden anzünden und die Wärme zur übrigen Kohle leiten. Es dauert 15 bis 20 Minuten, bis die ganze Holzkohle vollständig durchgeglüht ist. Wenn die oberste Holzkohle fast ganz mit grauer Asche bedeckt ist, können Sie mit dem Grillen beginnen. Drehen Sie den Anzündkamin einfach um und schütten Sie die Holzkohle in Ihre Feuergrube oder Ihren Grill.

Wenn Sie eine zweite Lage Kohle anzünden wollen, um die erste nach dem Niederbrennen zu ersetzen, lassen Sie ein paar brennende Stücke im Kamin und füllen Sie einfach neue Kohle auf. So brauchen Sie diesmal kein Feuerzeug und keine Zeitung, außerdem gibt es keine Rauchentwicklung wie beim ersten Mal.

Eigenen Grillrost mit dabei

Viele Campingplätze haben Feuerstellen mit eingebauten Grillgittern, die sich zum Grillen über das Feuer klappen lassen. Wenn Sie nicht wissen, ob es eine solche Vorrichtung gibt oder wenn Sie einfach nur eine größere Fläche zum Grillen haben möchten, bringen Sie Ihr eigenes Gitter mit. Fürs Campen hergestellte Grillgitter haben klappbare Füße, sodass man sie übers offene Feuer stellen kann. Sie sind nützlich, wenn man für eine größere Gruppe kocht oder an unerschlossenen Orten campt. Für den passionierten Campingkoch lohnt sich die Anschaffung. Wenn Sie ein Grillgitter ohne Füße dabeihaben, können Sie einen provisorischen Grill aufbauen: Richten Sie eine Feuergrube ein und legen Sie das Gitter auf die Steine Ihres Feuerrings.

Hitze-Zonen auf dem Grill schaffen

Das Geheimnis, um schöne Grillstreifen zu bekommen und das Essen trotzdem gleichmäßig zu garen, ohne es zu verbrennen, ist die Einrichtung von zwei Feuerzonen: eine für direkte Hitze und eine für indirekte Hitze. Dafür schiebt man die glühende Kohle auf eine Seite des Grills. Je näher das Essen an der Kohle ist, desto besser bräunt es und desto schneller gart es. Die Seite ohne Kohle ist zwar auch heiß, verbrennt das Essen aber nicht.

Dank dieser beiden Hitze-Zonen auf dem Grill kann man auch verschiedene Zutaten, die unterschiedliche Temperaturen benötigen, gleichzeitig garen. Die heiße Seite direkt über der Kohle verwenden Sie, um Steaks anzubraten oder dem Essen schöne Grillstreifen zu verleihen, und die andere Seite, um zum Beispiel Gemüse langsamer zu garen oder Steaks nach dem Anbraten durchzugaren. Die Seite mit indirekter Hitze dient auch als flammenfreie Zone, auf die Sie das Essen legen können, falls aus der glühende Kohle einmal Flammen schlagen. Sobald die Flammen erloschen sind, kann das Gargut wieder auf die heiße Seite wechseln.

Reinigung des Grills

Das Reinigen des Grills ist sehr wichtig, ob Sie nun den auf dem Campingplatz eingebauten Grill verwenden oder den tragbaren, den Sie mitgebracht haben. Ist der Grill sauber, wird Ihr Essen nicht durch die eingebrannten Fettreste der letzten Benutzung beeinträchtigt. Und vor allem verhindert ein sauberer Grill, dass Ihr Essen daran kleben bleibt. Sie brauchen nur eine Grillbürste, eine Zange mit langen Griffen, Alufolie und hoch erhitzbares Bratöl.

DER MYTHOS DES FINGERDRUCK-TESTS

Wahrscheinlich haben Sie irgendwann schon mal von dem Drucktest gehört, mit dem man überprüfen kann, wie durchgebraten ein Steak ist. Der Test geht so: Man hält die Fingerspitzen von Zeigefinger und Daumen zusammen und drückt mit einem Finger der anderen Hand gegen den Daumenballen. So fühlt sich das Fleisch an, wenn es blutig oder englisch ist. Hält man die Fingerspitzen von Mittelfinger und Daumen zusammen und drückt auf den Handballen, fühlt es sich so an wie medium, und wenn man Ringfinger- und Daumenspitze zusammendrückt, entspricht das gut durch. Eindeutiger ist jedoch ein Fleischthermometer: 50 °C für blutig, 60 °C für medium und 70 °C für gut durch.

Zünden Sie ein Feuer unter dem Grillrost an und erhitzen Sie ihn 10 Minuten lang. Die Flammen lösen die geschwärzten Reste, sodass sie sich mit der Grillbürste leichter entfernen lassen. Wenn der Rost frei von Resten ist, knüllen Sie etwas Alufolie zusammen und geben etwas Öl darauf. Dann mit der Zange greifen und damit über die Stäbe des Grillrosts fahren. (Sicherheitstipp: Niemals Öl auf einen erhitzten Grillrost sprühen.) Das war's schon!

Temperaturtest mit der Hand

Ohne Küchenthermometer kann man die Temperatur der Kohle im Grill (oder auch die eines Herds) mit der Hand abschätzen. Dazu die Hand etwa 7 bis 8 Zentimeter über den Grillrost halten und die Sekunden zählen, die man sie dort lassen kann, bis es zu heiß wird und man sie zurückzieht. Da die Temperatur bei Holz und Holzkohle an verschiedenen Stellen unterschiedlich sein kann, an mehreren Stellen testen, bevor man mit dem Kochen beginnt.

Hohe Temperatur (230 °C bis 260 °C): 1 bis 2 Sekunden

Mittelhohe Temperatur (200 °C bis 230 °C): 2 bis 4 Sekunden

Mittlere Temperatur (180 °C bis 200 °C): 4 bis 5 Sekunden

Kochen auf dem Grill mit Gusseisen

Wenn Sie keinen Campingherd mitnehmen wollen oder es vorziehen, immer über offenem Feuer zu kochen, gelingt das gut mit Gusseisenpfannen. Sie sind robust genug, um der Hitze des Feuers zu widerstehen, sind formstabil und halten die Hitze besser als andere Materialien. Kohleflecken oder eingebranntes Fett kann man abschaben (oder bei Bedarf auch mit Stahlwolle abkratzen), ohne befürchten zu müssen, dass man die Pfanne ruiniert. Sie muss danach nur erneut mit Fett behandelt werden.

Mit einer Gusseisenpfanne kann man das Essen auf dem Grill scharf anbraten, sanft anschwitzen sowie braten, wie auf einem Campingherd. Das Feuer wird auf die gleiche Art erzeugt wie beim Grillen, dann setzt man die Pfanne auf den Grillrost, um sie vorzuwärmen und schätzt die Temperatur mit der Hand (siehe **Temperaturtest mit der Hand**, linke Seite), bevor man mit dem Kochen beginnt.

In Kürze

Hier noch mal die 3 wichtigsten Tipps:

1. Heizen Sie den Grill immer etwa 10 Minuten vor dem Kochen an, damit sich die Hitze auf den Grillrost übertragen kann. Auf einem heißen Grillrost brennt das Gargut nicht so leicht an.

2. Reinigen Sie den Grillrost, bevor Sie mit dem Kochen beginnen. Da Sie den Grill bereits vorher angezündet haben, ist die Reinigung eine Kleinigkeit.

3. Braten Sie Steaks nicht über prasselndem Feuer. Vielleicht sieht es toll aus, wie das Steak von den Flammen eingehüllt ist, aber das Ergebnis ist rußiges Fleisch, das zu stark verkohlt und noch nicht genug gegart ist. Optimal gegrillt wird mit niedrigen Flammen und rot glühender Kohle.

IN FOLIE KOCHEN

Wenn Sie am liebsten Essen zubereiten, das keinen Abwasch verursacht, ist das Kochen in Folie – oder Hobo Packs, wie diese Päckchen auf Englisch liebevoll genannt werden – genau Ihr Ding. Das ist Kochen auf die allereinfachste Art: eine Handvoll Zutaten in Folie gepackt, über Kohle oder einem Campingfeuer erhitzt und fertig.

Folienpäckchen sind im Grunde ein Miniherd, in dem Ihr Essen gebacken und gedünstet wird. Sie eignen sich vor allem für zarten Fisch und Gerichte, die im eigenen Saft garen.

Sie können die Päckchen vorher zubereiten und in einer Kühlbox aufbewahren. Die Mahlzeiten können direkt aus der Folie gegessen werden, Reste wickeln Sie für den nächsten Tag wieder ein. Es werden keine Töpfe, Pfannen und Teller benötigt. Man braucht nur eine Gabel sowie Feuer und wird mit einer dampfenden und leckeren Mischung verschiedener Aromen und Texturen belohnt.

Folienpäckchen extrastark

Verwenden Sie immer extrastarke Alufolie. Wenn Ihr Hobo-Päckchen besonders schwer oder gut gefüllt ist, könnten Sie sicherheitshalber die Folie sogar doppelt nehmen. Schließlich möchten Sie nicht, dass die Folie reißt, während das Päckchen auf dem Feuer liegt, und dann das Essen herausfällt oder Asche hineingerät.

Fetten Sie die Folie ein. Sprühen Sie einen feinen Film Olivenöl auf die Seite der Folie, mit der Ihr Essen in Kontakt kommt. Das verhindert, dass das Essen an der Folie klebt, und fügt einen Hauch mehr Geschmack hinzu.

Verwenden Sie den Grill. Manche Camper garen Ihre Folienpäckchen gern direkt auf den heißen Kohlen, aber ich grille sie lieber über einem Feuer. Das geht schneller, weil ich nicht warten muss, bis die Flammen erlöschen und nur noch die glühende Kohle übrig ist, bevor ich beginne. Schmeißen Sie einfach den Grill an und warten Sie etwas, bis sich die Flammen ein wenig beruhigt haben, damit weder die Folie noch das Essen darin anbrennen. Wenn Sie schon ein Bett rot glühender Kohle haben, können Sie natürlich Ihre Folienpäckchen auch direkt in die Glut legen (nicht in das Feuer selbst). Die Garzeiten hängen davon ab, wie heiß die Kohle ist.

Wenden Sie die Folienpäckchen. Wenden Sie die Päckchen alle paar Minuten mit einer Zange mit langen Griffen, damit Ihr Essen schön gleichmäßig gart. Behalten Sie die Flammen im Auge und versuchen Sie, die Hitze konstant zu halten.

Vorsicht beim Öffnen des Päckchens. Das Folienpäckchen ist voll heißem Dampf!

Herstellung der Folienpäckchen

Das Folienpäckchen sollte gut verschlossen sein. Denn wenn Dampf entweichen kann, brennen Fleisch und Gemüse an oder trocknen aus, bevor sie gar sind.

1. Breiten Sie ein großes Stück Folie aus, mindestens 35 bis 40 cm lang.

2. Legen Sie das Essen in die Mitte der Folie. Nun die längeren Seiten nach oben führen und die Ränder umklappen, sodass über dem Essen etwas Platz bleibt.

3. Die kürzeren Seiten aufrollen, um das Päckchen zu verschließen, dabei wieder innen Platz lassen.

PÄCKCHEN ZU HAUSE

Rezepte für Folienpäckchen eignen sich auch für das Kochen zu Hause. Zutaten wie im Rezept vorbereiten und die Päckchen im Backofen bei 230 °C (Ober-/Unterhitze) so lange garen, wie im Rezept angegeben.

KOCHEN IM DUTCH OVEN

Nichts erinnert so sehr an die Romantik des guten alten Campings wie das Kochen unter freiem Himmel und das Zusammensitzen um einen großen, schweren Gusseisentopf, wie es die amerikanischen Pioniere taten. Während die Technik im Prinzip noch dieselbe ist, haben sich die Geräte dafür stark verbessert, was die Kunst des Kochens im Dutch Oven heute praktisch jedem ermöglicht.

   Das Kochen mit dem Dutch Oven wird ähnlich vorbereitet wie das zum Grillen. Man braucht ein Bett glühend heißer Kohle, entweder aus dem Anzündkamin oder von einem niedergebrannten Feuer (siehe Seite 28) und eine Zange mit langen Griffen, um die Kohlen umzulagern. Für Rezepte, die länger als 30 Minuten garen, sollten Sie noch glühende Kohlen zum Auffüllen parat haben.

1. Den Anzündkamin mindestens 15 bis 20 Minuten (oder ein Holzfeuer mindesten 45 Minuten bis zu 1 Stunde) vor Beginn des Kochens anzünden. Etwa 3 Liter glühende Kohlen herstellen und auf einer Seite Ihrer Kochoberfläche aufstapeln. Dafür können Sie eine Feuergrube, eine Feuerschale, einen Standgrill, einen Kochtisch aus Metall oder eine doppelte Lage extrastarke Alufolie auf der Erde verwenden.

2. Beim Anbraten, Kochen oder für alles, was große Hitze erfordert, sollte alle Hitze vom Boden kommen. Dafür die gesamte Kohle gleichmäßig in einer Schicht ausbreiten und den Dutch Oven daraufstellen. Die Kohle sollte dicht aneinander liegen, sich aber nicht stapeln.

3. Zum Backen, Schmoren oder Dünsten sollte die Hitze sowohl vom Boden als auch vom Deckel kommen. Dafür zuerst einen Ring aus Kohle legen, der als »Kochplatte« etwas kleiner als der Durchmesser des Dutch Oven ist.

4. Den Dutch Oven auf die »Kochplatte« stellen und mit der Zange einen Ring aus Kohle auf den Deckel legen.

5. Für mittlere Hitze innerhalb des Außenrings noch einmal einen Ring legen, diesmal jede zweite Kohle auslassen. Dies ergibt die optimale Temperatur für die meisten Gerichte im Dutch Oven (etwa zwischen 180 °C und 190 °C).

6. Ab und zu einen Blick auf das Gargut werfen, indem man mit einem Deckelheber den Deckel sicher anhebt.

ZUBEHÖR ZUM KOCHEN MIT DEM DUTCH OVEN

Modernes Zubehör macht das Kochen mit dem Dutch Oven leichter und sauberer als je zuvor. Um Dutch-Oven-Experte zu werden, brauchen Sie folgende Dinge.

Dutch Oven. Für Anfänger ist ein Dutch Oven für 6 Liter (30 cm Durchmesser) gut geeignet, da er fast alle Kochbedürfnisse abdeckt. Kaufen Sie einen Dutch Oven fürs Camping – er hat drei Standfüße und einen Deckel mit erhöhter Kante für die Kohle.

Deckelheber. Es mag extravagant erscheinen, aber dieses für einen einzigen Zweck bestimmte Werkzeug ist super praktisch, um – Sie ahnen's schon – einen heißen, schweren Deckel vom Topf zu heben.

Anzündkamin. Wenn Sie lieber mit Holzkohle kochen, ist ein Anzündkamin die bequemste Art, die Kohle einfach und schnell ohne Anzündflüssigkeit anzuzünden.

Edelstahlzange mit langem Griff. Eine robuste, 40 cm lange Zange mit einem rutschfesten Griff ist ein Muss, um die Kohle beim Kochen umzuschichten. Die lange Zange sorgt dafür, dass Ihre Hände vor der Hitze der Kohle und des Topfs sicher sind.

Lederhandschuhe. Beim Kochen mit dem Dutch Oven kommen Sie der Kohle sehr nah, Schweißerhandschuhe aus Leder mit langer Stulpe schützen Ihre Hände und Handgelenke vor dem heißen Deckel, dem heißen Topf und der heißen Kohle.

Handfeger. Ein Handfeger ist ideal, um Kohle und Asche vor dem Servieren vom Deckel zu entfernen. Er sorgt dafür, dass keine unerwünschten Partikel ins Essen fallen. Die Borsten sollten nicht aus Plastik sein, da diese durch die sengende Hitze schmelzen können.

Kochen ohne Kohlen zählen

Die meisten Anleitungen und Rezepte für den Dutch Oven sehen eine bestimmte Anzahl von Holzkohlebriketts vor, die man darunter und darauf legen soll. Die Goldene Regel zum Backen bei 170 °C ist die 3er-Regel, die für jede Topfgröße passt. Man nimmt den Topfdurchmesser in Zoll, zieht davon 3 Briketts für unten ab und fügt für die Briketts auf dem Deckel 3 hinzu. Bei einem Topf mit einem Durchmesser von 30 cm (etwa 12 Zoll) kämen 9 Briketts darunter und 15 obenauf.

Bei einer anderen üblichen Formel für das Backen bei 170 °C multipliziert man den Topfdurchmesser in Zoll mit 2, das ergibt die Gesamtanzahl der Briketts. Davon legt man ein Drittel unter den Topf und zwei Drittel auf den Deckel. Bei einem 30-cm-Topf (etwa 12 Zoll) sind es 24 Briketts, 8 kommen dann unter den Topf und 16 auf den Deckel.

Diese alten Grundregeln sind natürlich eine Vereinfachung. Sie gehen davon aus, dass die meisten Kohlebriketts ungefähr gleich groß und geformt sind. Aber je nach Marke geben sie unterschiedlich viel Wärme ab, und wenn man unregelmäßig geformte Hartholzkohle oder Kohle von Feuerholz verwendet, kann man mit diesen Zahlen nicht unbedingt rechnen.

Eine bessere Methode für die Hitzesteuerung ist die einfache »Ring-Methode«; dafür ist kein Zählen nötig. In diesem Buch gebe ich die Temperatur mit 1, 1½ oder 2 Ringen an.

× **1 Ring:** Alle Kohlen des Rings berühren sich. Der äußere Rand des Rings stimmt mit dem äußeren Rand des Dutch Oven überein, sowohl beim Boden als auch beim Deckel.

× **1 ½ Ringe:** Ersten Ring wie oben beschrieben legen, dazu kommt ½ Ring innerhalb des ersten. Dafür einfach jedes zweite Brikett weglassen.

× **2 Ringe:** Ein vollständiger, zweiter Ring wird innerhalb des ersten dazugelegt, beide Ringe berühren sich.

Die Kombination der Ringe unter dem Topf und im Deckel entspricht der jeweiligen Gartemperatur des Dutch Oven. Ich verwende beim Dutch Oven nur zwei Temperaturen: hohe Hitze und mittlere Hitze. Hohe Hitze (200-220 °C) entspricht 1 Ring unter dem Boden und 2 Ringen auf dem Deckel, mittlere Hitze (180-190 °C) 1 Ring unter dem Boden und 1½ Ringen auf dem Deckel. (Beim Backen ändert sich die Anzahl der Ringe unter dem Topf nie. Nur beim Anbraten, Braten oder Kochen werden die Briketts unter dem ganzen Topf ausgebreitet.)

Diese einfache Methode funktioniert bei jeder Brikettgröße. Da man von kleineren Briketts mehr für den Ring braucht und bei größeren weniger, ergibt die Ringmethode bei jeder Hitzequelle in etwa die gleiche Temperatur. Merkwürdig geformte oder übergroße Briketts zerbreche ich vorher mit der Zange, sodass alle etwa gleich groß sind.

Die Ringmethode ist für den Anfang praktisch, aber ihr Ergebnis hängt von Wind und Außentemperatur, Sonne bzw. Schatten und der Anfangshitze der Kohle ab. Letztlich sollten Sie nach Sicht kochen; wenn nötig, können Sie dann Briketts nachlegen.

Für gleichmäßige Hitze während des Kochens sorgen

Da Briketts unterschiedlich schnell verbrennen und einige heißer als andere sein können, sollte man den Dutch Oven und/oder seinen Deckel während des Garens etwa alle 20 Minuten um 180 °C drehen. So kann man auch gut überprüfen, ob Briketts ergänzt oder durch neue, glühende ersetzt werden müssen, damit die richtige Temperatur aufrecht bleibt.

MERKSATZ FÜR DEN DUTCH OVEN

Wenn man das Feuer hören kann, ist es heiß genug.
Wenn man es riechen kann, ist es bald fertig.

Die Pflege von Gusseisen

Heute sind Dutch Oven meist schon vorbehandelt und gebrauchsfertig, aber ich empfehle trotzdem, sie erneut einzubrennen. Folgen Sie dabei der Herstelleranleitung.

Vermeiden Sie längeres Einweichen des Gusseisentopfes. Und gießen Sie nie kaltes Wasser in den heißen Topf, um diesen zu reinigen.

Wischen Sie den Topf mit Küchenpapier aus, um Essensreste zu entfernen. Wenn er noch weiter gesäubert werden muss, sind Nylongeschirrbürste, Küchenschwamm, Salz und/oder ein Plastikspatel hilfreich.

Reinigen Sie den Dutch Oven mit etwas Seife. Auf hartnäckige Flecken Salz streuen und diese mit einer Nylonbürste bearbeiten. Sie können auch einen Plastikspatel benutzen, damit geht es einfach. Wenn sich die Essensreste noch immer nicht lösen, etwas Wasser im Topf aufkochen. Dann warten, bis die Reste eingeweicht sind, um sie anschließend mit einer Bürste oder einem Spatel abzukratzen.

Das meiste Wasser mit einem Küchenpapier wegwischen, dann den Dutch Oven etwa 5 Minuten erhitzen, bis er vollständig getrocknet ist.

Den noch heißen Dutch Oven dünn mit Bratöl einsprühen. Überschüssiges Öl mit Küchenpapier entfernen. Topf erkalten lassen.

Den Dutch Oven an einem trockenen, sauberen Ort aufbewahren, am besten in einer Tragetasche.

KOCHEN AUF DEM CAMPINGHERD

Einen Campingherd braucht man beim Campen unbedingt. Ob Sie kochendes Wasser für Ihren Morgenkaffee oder eine Gemüsepfanne fürs Familienabendessen zubereiten möchten – auf einem guten Campingherd können Sie beim Campen alles zubereiten, was Sie auch zu Hause kochen. Es ist die schnellste und einfachste Art, um eine Mahlzeit fertigzustellen, weil Sie keinen Anzündkamin und kein Feuer anzünden müssen. Schalten Sie einfach den Herd an, wählen Sie Ihre Temperatur und schon kann's losgehen.

Bei Campingherden gibt es für die Temperatur keine feine Justierung. Wind und Wetter haben zudem einen großen Einfluss darauf, wie viel Wärme die Flamme tatsächlich liefert. Ohne Küchenthermometer schätzt man daher lieber die Wärme auf der Kochoberfläche mit den Händen. (Siehe **Temperaturtest mit der Hand** auf Seite 29.)

In jedem Rezept dieses Buches sind Kochzeiten und Temperaturen angegeben, aber da die Bedingungen von Campingherden, Kochgeschirr und Wetterverhältnissen variieren, verlässt man sich am besten auf die eigenen Sinne (wie das Essen aussieht, riecht und schmeckt), um zu wissen, ob das Essen gar ist.

TIPPS ZUM KOCHEN IN HÖHEREN LAGEN

Das Kochen in den Bergen ist eine Herausforderung, auch wenn man nicht bäckt. Der niedrige Luftdruck in großer Höhe führt zu niedrigeren Siedepunkten und weniger Hitzeabgabe, daher kocht Wasser bei niedrigeren Temperaturen, und es dauert länger, bis das Essen gar ist. (Deswegen ist zum Beispiel kochendes Wasser in Denver nie so heiß wie kochendes Wasser in Los Angeles.)

Die Rezepte sind so konzipiert, als würde man auf Meeresspiegelniveau kochen. Herauszufinden, wie man die Höhe berücksichtigt, auf der man sich befindet, kann schwierig sein, zumal auch noch die jeweiligen atmosphärischen Bedingungen eine Rolle dabei spielen, wie Ihr Essen kocht. Hier sind ein paar Tipps, wie Sie Rezepte anpassen können, wenn Sie in einer Höhe über 1.000 Meter campen.

✗ Nudeln und Reis brauchen in höheren Lagen etwas länger, um zu garen. Fügen Sie 15 bis 20 Prozent mehr Flüssigkeit hinzu und erhöhen Sie die Kochzeit um 1 Minute pro 300 Meter Höhe.

✗ Die Brühe in Suppen und Eintöpfen verdampft beim Kochen schneller, geben Sie daher 25 Prozent mehr Flüssigkeit hinzu, als im Rezept angegeben, und erhöhen Sie die Kochzeit um 2 Minuten pro 300 Meter Höhe.

✗ Achten Sie wegen der niedrigeren Luftfeuchtigkeit besonders darauf, ob die Steaks auf dem Grill austrocknen. Lassen Sie sie lieber bei indirekter Wärme garen oder bestreichen Sie sie mit mehr Sauce, damit sie saftig bleiben.

✗ Backwaren werden leicht trocken, krümelig und beim Lagern daher schneller altbacken. Fügen Sie etwas mehr Flüssigkeit oder Ei hinzu, als im Rezept angegeben, (siehe auch Seite 216).

SICHERHEIT IST DAS A UND O

Man genießt die Natur, liegt in der Sonne, kocht unter freiem Himmel … das macht glücklich und sorglos, allerdings müssen wir darauf achten, dass wir nicht unaufmerksam mit den Risiken umgehen, über die wir zu Hause nicht nachdenken müssen. Wie in allen Outdoor-Situationen kann man nie vorbereitet und vorsichtig genug sein. Vor allem, wenn man mit einer großen Gruppe campt und dabei leicht Details übersieht. Ein paar Grundregeln zum Umgang mit dem Essen und zur Sauberkeit des Campingplatzes sind für alle Camper wichtig.

Essen sicher aufbewahren und zubereiten

Da sanitäre Möglichkeiten beim Campen begrenzt sind, ist eine makellos saubere Küche wichtig. Schließlich will niemand eine Lebensmittelvergiftung mit nach Hause bringen! Nur weil Sie draußen sind, heißt das nicht, dass Sie die Sicherheitsmaßnahmen für Lebensmittel lockern dürfen. Was zu Hause bei der Zubereitung von Essen gilt, ändert sich auch beim Outdoor-Kochen nicht – es wird sogar noch wichtiger.

× Die Temperatur in Ihrer Kühlbox darf jederzeit höchstens 4 °C oder darunter betragen.

× Lassen Sie Lebensmittel nie längere Zeit draußen liegen. Falls Essen in der »Gefahrenzone« zwischen 4 °C und 60 °C liegt, muss es innerhalb von 2 Stunden verbraucht werden (sonst muss es danach entsorgt werden). Bewahren Sie es in der Kühlbox auf, erhitzen Sie es auf dem Herd oder wenden Sie andere Methoden an, um innerhalb dieser Zeitspanne kalte Mahlzeiten kalt und warme Gerichte warm zu halten.

× Garen Sie jedes Fleisch bis zu seiner erforderlichen Kerntemperatur.

× Keime von rohem Fleisch dürfen nicht auf andere Lebensmittel übertragen werden.

× Waschen Sie sich vor und nach dem Lebensmittelkontakt immer die Hände.

Häufiges Händewaschen ist die beste Abwehr gegen Keime und Krankheiten, das gilt auch im Zusammenhang mit Lebensmitteln. Halten Sie in der Küche immer ein Handdesinfektionsmittel bereit, genauso im Zelt und bei Ihren Sachen oder – noch besser – waschen Sie Ihre Hände (auch unter den Fingernägeln) mit Wasser und Seife.

In Campingküchen müssen bei der Essenszubereitung Geschirr & Co. oft mehrmals benutzt werden. Das rationalisiert zwar den Ablauf im Camp, kann aber zu Problemen führen, wenn Keime auf der Oberfläche sind. Waschen Sie daher alles gründlich ab, was mit rohem Fleisch in Berührung kommt, genauso nach dem Kontakt mit Allergenen wie Erdnüssen, falls Mitcamper unter Lebensmittelunverträglichkeiten leiden.

Außer rohem Fleisch erfordern auch Meeresfrüchte beim Campen besondere Aufmerksamkeit. Ohne den Luxus eines Kühlschranks und fließenden Wassers vervielfachen sich die Regeln für einen sicheren Umgang damit.

× Verwenden Sie, wenn möglich, eine extra Kühlbox für Fleisch oder legen Sie das rohe Fleisch auf den Boden der Kühlbox, damit eventuell austretender Fleischsaft nicht auf andere Lebensmittel tropfen kann.

× Verpacken Sie rohes Fleisch sicher in wasserdichte Gefrierbeutel oder besser noch in zwei, oder bringen Sie es in wasserdichten Behältern unter.

× Halten Sie bei der Zubereitung rohes Fleisch von anderen Lebensmitteln fern und verwenden Sie getrennte Schneidebretter und Geräte.

SAUBERE HÄNDE

Wenn Sie viel rohes Fleisch oder Meeresfrüchte zubereiten müssen, nehmen Sie Einmalhandschuhe mit – so bleiben Ihre Hände geruchsfrei und sauber. Das macht auch die Arbeit einfacher, wenn Wasser knapp ist.

Wie lange halten sich gekühlte Lebensmittel?

Die folgende Tabelle zeigt, wie lange sich verderbliche Lebensmittel in einer Kühlbox mit einer Temperatur von 4 °C oder darunter halten. Auf Seite 20/**Das Packen einer Kühlbox** finden Sie Tipps, wie Ihre Kühlbox länger kalt bleibt.

Rohes Hackfleisch und Hühnerhack	1 bis 2 Tage
Rohes Rinder-, Kalb-, Schweine- und Lammfleisch	3 bis 5 Tage
Rohes Hühner- und Putenfleisch	1 bis 2 Tage
Schinkenspeck	2 Wochen (ungeöffnet) 1 Woche (geöffnet)
Rohwurst (zum Beispiel Fleischwurst, Geflügelwurst)	1 bis 2 Tage
Hartwurst (zum Beispiel Salami)	3 Wochen (geöffnet)
Hotdog-Würstchen	2 Wochen (ungeöffnet) 1 Woche (geöffnet)
Eier-, Hühner-, Thunfisch-, Schinken- und Nudelsalate	3 bis 5 Tage
Gekochtes Fleisch, Geflügel und Fisch	3 bis 4 Tage
Suppen und Eintöpfe	3 bis 4 Tage
Roher Fisch und Muscheln	1 bis 2 Tage
Eier (roh, in der Schale)	3 bis 5 Wochen
Eier (roh, ohne Schale)	2 bis 4 Tage
Eier (hart gekocht)	1 Woche
Flüssiges pasteurisiertes Ei und Ei-Ersatzstoffe	10 Tage (ungeöffnet) 3 Tage (geöffnet)
Gegarte Eiergerichte	3 bis 4 Tage
Milch	1 Woche
Butter	2 Wochen
Buttermilch, Sauerrahm, Frischkäse	2 Wochen

Sichere Kerntemperaturen für gegartes Fleisch

Wenn Sie unsicher sind, wann Ihr Fleisch durchgegart ist, sollten Sie ein Fleischthermometer mitnehmen, das Sie in den dicksten Teil des Fleisches stechen. Die US-Gesundheitsbehörde empfiehlt folgende Kerntemperaturen.

Rind, Schwein, Lamm und Kalb (Braten, Steaks und Koteletts)	63 °C und mindestens 3 Minuten ruhen lassen
Rinder-, Schweine-, Lamm- und Kalbshack	70 °C
Hotdogs	74 °C
Hähnchenbrust und dunkles Fleisch	74 °C
Geflügelhackfleisch	74 °C

Abwaschen in der Wildnis

Geschirr spülen ist nicht gerade die erste Aufgabe, um die ich mich reiße (verglichen zum Beispiel mit dem Vergnügen, die Küche und die Bar daneben im Freien aufzubauen), aber mit einer schönen Aussicht, frischer Bergluft und Sonnenstrahlen auf dem Tisch übernehme ich es beim Campen lieber als zu Hause.

Eine gut durchdachte Abwaschstation am Campingplatz macht das Spülen einfacher. Mit folgenden Dingen sind Sie gut vorbereitet, wenn's ans Abwaschen geht.

Waschschüsseln. Sie brauchen mindestens zwei große Schüsseln, eine zum Waschen und eine zum Abspülen. Wenn Sie mit einer großen Gruppe campen und viel Geschirr haben, ist eine dritte Schüssel praktisch. Die Schüsseln sollten ineinander passen oder – zum noch leichteren Verstauen – faltbar sein.

Geschirrständer oder Netz. Natürlich können Sie Ihre Teller zum Trocknen auf dem Tisch ausbreiten, aber mit einem Abtropfgestell wirkt alles etwas ordentlicher. Der Ständer sollte zusammenklappbar sein oder in Ihre Waschschüsseln passen. Wenn Sie mit möglichst wenig Gewicht reisen wollen, können Sie Ihr feuchtes Geschirr auch in einem Netz verstauen, an einen Baum hängen und an der Luft trocknen lassen.

Küchenhandtücher. Nehmen Sie mindestens ein Handtuch fürs Geschirr und eins für Ihre Hände oder alle möglichen anderen Zwecke in der Küche mit.

Küchenschwamm oder Geschirrbürste. Und wenn Sie mit Gusseisen kochen, ist außerdem ein Plastikteigschaber nützlich, um Essensreste zu entfernen, ohne die Oberfläche des Topfes zu beschädigen.

Biologisch abbaubares Spülmittel. Ein gutes, hochkonzentriertes, umweltfreundliches Spülmittel ist sehr ergiebig. Auch noch wichtig:

1. **Abkratzen.** Kratzen Sie alle Essensreste vom Teller in einen Müllbeutel. Wischen Sie fettige Teller mit Küchenpapier ab, damit so wenige Essensreste wie möglich in die Spülschüssel gelangen.

2. **Einweichen.** Füllen Sie die Waschschüssel mit warmem Wasser, geben Sie ein paar Spritzer Spülmittel hinein und weichen Sie Geschirr und Besteck ein. Je schneller Sie dies nach einer Mahlzeit tun, desto leichter wird das Reinigen.

3. **Abwaschen.** Spritzen Sie noch etwas Spülmittel auf Ihren Schwamm und beginnen Sie mit dem eigentlichen Abwasch.

4. **Abspülen.** Tauchen Sie die eingeseiften Sachen zum Abspülen in die zweite, mit Wasser gefüllte Schüssel.

5. **Trocknen.** Lassen Sie das saubere Geschirr an der Luft trocknen.

6. **Wiederholen Sie den Vorgang mit Töpfen und Pfannen.** Wenn Ihr Geschirr fertig ist, säubern Sie das Kochgeschirr nach der gleichen Methode. Wenn die Töpfe und Pfannen sehr fettig sind und Essensreste daran kleben, gießen Sie etwas Wasser hinein und lassen es ein paar Minuten köcheln, um die Reste einzuweichen, bevor Sie mit dem Spülen beginnen.

7. **Entsorgen des Abwaschwassers.** Gießen Sie das schmutzige Abwaschwasser aus der ersten Schüssel durch ein Sieb in die zweite Schüssel und entsorgen Sie die Essensreste im Müll. Wenn der Campingplatz keine Entsorgungsmöglichkeit für Abwasser hat, tragen Sie es vom Campingplatz weg (mindestens 60 m von jeder natürlichen Wasserquelle entfernt) und schleudern Sie es weit in die Luft, möglichst an einem sonnigen Ort, damit es schnell verdampft. Alternativ können Sie ein 15 bis 20 cm tiefes Loch graben, in das Sie all Ihr Abwaschwasser gießen, damit der Essensgeruch auf einen Ort beschränkt ist.

SO BESSER NICHT

Waschen Sie schmutziges Geschirr niemals an den Gemeinschafts-Wasserhähnen ab, da dies unansehnliche und unhygienische Essensreste im Abfluss hinterlässt.

Entsorgung der Essensreste

Eine der wichtigsten Regeln beim Campen ist, den Campingplatz sauberer zu verlassen, als man ihn vorgefunden hat. Vor allem Essensreste können eine wunderschöne Umgebung verunstalten und das ganze Campingerlebnis beeinträchtigen.

Wenn Sie Verbrauchsgüter von zu Hause mitbringen, nehmen Sie sie aus unnötigen Verpackungen heraus. Packen Sie Lebensmittel in wiederverschließbare Gefrierbeutel oder Plastikbehälter um, die wieder für andere Dinge benutzt werden können. Kaufen Sie Bier in Dosen, um zu vermeiden, dass Glas zerbricht, und um Gewicht zu sparen.

Versuchen Sie, nur so viel zu kochen, wie Sie auch essen können. Das Vermeiden von Resten – und von dem Dilemma, was man damit tun soll – ist wichtig, um den Campingplatz sauber zu halten und Tiere davon abzuhalten, Ihre Küche zu durchwühlen.

Wenn Sie die Reste jedoch absolut nicht mehr essen können, werfen Sie sie in die Abfalltüte, um Ihr Abwaschwasser nicht mit Essensresten zu verschmutzen (siehe Seite 37, **Abwaschen in der Wildnis**).

Sammeln Sie Ihren ganzen Abfall in einem extrastarken Müllbeutel mit Zugband und hängen Sie diesen an eine Leine oder in einen Baum. Lassen Sie Ihren Abfall niemals auf dem Boden stehen, damit keine Tiere angelockt werden. Bitte entsorgen Sie Ihren Abfall an entsprechenden Stellen.

TIPPS FÜRS CAMPEN IN BÄRENREGIONEN

× Wenn es auf Ihrem Campingplatz keine bärensichere Unterbringungsmöglichkeit gibt oder Sie Ihr Essen nicht in einen Baum hängen können, sollten Sie sich eine bärensichere Kühlbox mit einem Schloss zulegen. Stellen Sie sie mindestens 30 m (besser 60 m oder noch weiter und windabgewandt) von Ihrem Campingplatz auf, wenn Sie tagsüber weg sind oder schlafen gehen.

× Verstauen Sie Essen, Essensbehälter oder andere riechende Dinge (zum Beispiel Zahnpasta und Insektenmittel) nicht in Ihrem Auto und vor allem nicht in Ihrem Zelt. Wenn Sie Körperpflegeartikel nicht benutzen, lagern Sie sie zusammen mit Ihrem Essen.

× Lassen Sie nie unbeaufsichtigt Essen herumliegen. Es dauert höchstens Minuten, bis nicht nur Bären, sondern auch Krähen, Streifenhörnchen, Mäuse und andere Tiere Ihre Küche überfallen, wenn Sie es am wenigsten erwarten.

× Kochen Sie nicht gleich neben Ihrem Zelt und lassen Sie kein schmutziges Geschirr herumliegen.

× In einsamen Gegenden kann nachts ein brennendes, helles Licht helfen, Bären davon abzuhalten, Ihr Camp zu durchwühlen. (Es ist aber kein Ersatz für gute Lagerung und Reinhaltung.)

× Essensreste sollten genauso behandelt werden wie Essen. Wenn es auf dem Campingplatz keine bärensi-

cheren Abfallbehälter gibt, sollte der Abfall in einem bärensicheren Behälter gelagert, in einen Baum gehängt oder in einem sicheren Behälter mindestens 30 Meter vom Camp entfernt verstaut werden. Lassen Sie nachts keine Abfallbeutel im Camp herumliegen, sonst könnten Sie davon aufwachen, dass draußen damit ein Chaos veranstaltet wird!

× Das Campen und Kochen in Grizzly-Gebieten erfordert besondere Vorsicht. Informieren Sie sich immer bei dem Ranger vor Ort nach den Aktivitäten der Tiere in den Regionen, in die Sie fahren wollen.

AM MORGEN

Der Gesang einer Gambelmeise durchbricht die morgendliche Stille. Die Sonne lugt über die Berge, als Kaffeeduft in Ihr Zelt strömt. Sie strecken sich in Ihrem Schlafsack und fühlen die frische Luft des Morgens. Der Reißverschluss eines Zeltes öffnet sich, dann noch einer. Jeder findet fast automatisch seinen Weg dorthin, wo schon das Essen in der Pfanne brutzelt. Beim Klirren des Bestecks werden Pläne geschmiedet. Ein neuer Abenteuertag lockt.

Frisches, warmes, selbst gemachtes Gebäck beim Campen? Ja, bitte! Diese Scones sind eine Abwandlung der irischen Soda Farls – traditionelle, schnell gemachte Teigwaren, ganz altmodisch auf einem gusseisernen Grillblech zubereitet. Sie sind außen knusprig und trocken, aber in der Mitte weich und zart. Mit einem Klecks Marmelade oder Butter schmecken sie köstlich zum Kaffee oder Tee. Für eine herzhafte Version der Scones tauschen Sie einfach Zucker, Zitronenabrieb und Blaubeeren gegen geriebenen Cheddar und gehackte Frühlingszwiebeln aus.

BLAUBEER-SCONES MIT ZITRONENGLASUR AUS DER PFANNE

ERGIBT 14 SCONES

FÜR DIE SCONES

240 g Vielzweck-Backmischung (Seite 44)

180 ml Buttermilch

60 g Butter, geschmolzen und abgekühlt, plus etwas zum Einfetten

3 EL Zucker

1 großes Ei

abgeriebene Schale von 1 großen unbehandelten Zitrone

170 g Blaubeeren

FÜR DIE GLASUR

60 g Puderzucker

1 EL Zitronensaft

Für die Scones in einer großen Schüssel Backmischung, Buttermilch, Butter, Zucker, Ei und Zitronenschale mit einem Löffel zu einem weichen, klebrigen, zähen Teig verrühren. Vorsichtig die Blaubeeren unterheben.

Eine große Pfanne mit Butter einfetten und bei mittlerer Temperatur erhitzen. Mit einem großen Löffel Teigportionen in etwa Golfballgröße abstechen und nebeneinander in die Pfanne setzen. Es sollten ungefähr 14 Scones werden. Die Scones in der Pfanne so anordnen, dass sich die Seiten fast berühren.

Pfanne zudecken und den Teig so lange backen, bis die Scones am Boden goldbraun sind – das dauert etwa 4–5 Minuten. Jeden Scone wenden und weitere 5 Minuten zugedeckt backen, bis beide Seiten leicht gebräunt und die Scones in der Mitte durchgebacken sind.

Inzwischen für die Glasur in einer kleinen Schüssel Puderzucker und Zitronensaft gut verrühren. Die Glasur vor dem Servieren über die warmen Scones träufeln.

 CLEVER

Sie wissen nicht, wie Sie die übrige Buttermilch aufbrauchen können? Machen Sie Buttermilch-Pfannkuchen mit Ahornsirup, Mascarpone und Beeren (Seite 52) oder Knuspriges Buttermilch-Huhn aus dem Dutch Oven mit Kohl-Apfel-Salat (Seite 182).

Frisch zubereitete Backwaren – die nicht aus der Schachtel oder der Dose kommen – fühlen sich beim Campen wie der reine Luxus an, obwohl sie aus ganz einfachen Zutaten bestehen. Aber Mehl-, Zucker-, Backpulver- und Natrontüten mitzuschleppen ist sehr unpraktisch, und erst recht das genaue Abmessen der Zutaten für jedes einzelne Rezept. Wenn Sie jedoch genug von dieser vielseitigen Backmischung mitnehmen, können Sie alles Mögliche schnell zusammenrühren, zum Beispiel süße Aufläufe (Seite 215), Scones (Seite 42), Pfannkuchen (Seiten 51 und 52), Kekse, Kuchen und andere schnelle Backwaren. Die Mischung kann auch für andere Rezepte verwendet werden, bei denen als Zutat eine gekaufte Vielzweck-Backmischung aufgelistet ist.

VIELZWECK-BACKMISCHUNG

ERGIBT CA. 360 G

360 g Weizenmehl Type 405
1 EL Zucker
1 EL Backpulver
1 TL Natron
1 TL Salz

Anmerkung: Die Mehlmenge können Sie auch mit einer Tasse abmessen. Ich benutze dazu die »Schöpf-und-streich-Methode«: Einfach eine gehäufte Tasse Mehl schöpfen und mit einem Lineal glatt streichen. Dann sind etwa 120 g Mehl in der Tasse, für dieses Rezept benötigt man also 3 Tassen.

Alle Zutaten in einer Schüssel vermischen. In einen wiederverschließbaren Gefrierbeutel oder eine Dose mit Deckel füllen und an einem trockenen, kühlen Platz bis zu 8 Monate lagern. Vor der Verwendung die Mischung umrühren, um die Zutaten gleichmäßig zu verteilen.

Beginnen Sie Ihren Tag gerne mit einem Becher heißem Chai-Tee? Dann wird Ihnen dieses Rezept ganz bestimmt gefallen. Ein paar Löffel Chai-Konzentrat machen aus einem einfachen Haferbrei ein reichhaltiges, cremiges Frühstück, das einem genauso ein wohliges Gefühl wie der Tee selbst gibt. Die klassische Kombination aus Äpfeln und Walnusskernen sorgt für Süße und Biss, Sie können aber ebenso gut Birnen, Bananen, Kürbiskerne oder Pekannusskerne ausprobieren. Und wer mag, fügt noch eine Handvoll Rosinen und Datteln hinzu. (Bild nächste Seite, links)

CHAI-HAFERBREI MIT ZIMTÄPFELN UND WALNÜSSEN

ERGIBT 4 PORTIONEN

700 ml Wasser

225 g geröstete Instant-Haferflocken (Seite 48)

6 EL Chai-Konzentrat (Seite 202)

2 EL Butter

2 mittelgroße Äpfel, entkernt und in dünne Scheiben geschnitten

⅛ TL Zimtpulver

gehackte Walnusskerne

Das Wasser in einem kleinen Topf zum Kochen bringen und die Haferflocken hinzufügen. Temperatur zurückschalten und Haferflocken 5 Minuten köcheln lassen, dabei gelegentlich umrühren, bis die Haferflocken die von Ihnen gewünschte Konsistenz haben. Das Chai-Konzentrat einrühren und die Temperatur so einstellen, dass der Brei gerade warm bleibt.

Inzwischen die Butter in einer großen Pfanne bei mittlerer Temperatur erhitzen. Äpfel und Zimt hinzufügen und etwa 5 Minuten garen, bis die Äpfel weich sind. Dabei gelegentlich umrühren.

Haferbrei und Äpfel auf vier Schälchen oder Tassen verteilen und auf jede Portion je nach Belieben Walnusskerne geben.

In diesem Haferbrei verleihen die Körner dem deftigen, asiatisch inspirierten Frühstück eine reisähnliche Textur. Diese Version ergibt auch zu anderen Tageszeiten durchaus eine vollständige Mahlzeit. Hühnerbrühe anstatt Wasser erhöht den Umami-Faktor – diesen Trick können Sie auch bei anderen herzhaften Haferbreien einsetzen. Falls Sie noch vom vorigen Abend etwas gegartes Hühnerfleisch übrig haben, geben Sie auch das in die Pfanne. (Bild auf der linken Seite, rechts)

HERZHAFTER HAFERBREI MIT SHIITAKE UND SPINAT

ERGIBT 4 PORTIONEN

2 EL Olivenöl

1 mittelgroße Schalotte, fein gehackt

700 ml Hühnerbrühe

225 g geröstete Instant-Haferflocken (Seite 48), ohne Zucker und Zimt

8 mittelgroße Shiitake-Pilze, in Scheiben geschnitten

¼ TL Salz

⅛ TL frisch gemahlener schwarzer Pfeffer

100 g abgepackter Babyspinat

2 EL Ponzu-Sauce plus etwas zum Servieren

Anmerkung: Ponzu-Sauce ist eine Sojasauce mit Zitrone, die Sie im gut sortierten Supermarkt oder im Asialaden finden.

In einem kleinen Topf 1 EL Olivenöl bei mittlerer Temperatur erhitzen. Schalotte hinzufügen und etwa 2 Minuten glasig schwitzen. Brühe und Haferflocken dazugeben und zum Kochen bringen. Temperatur herunterschalten und die Haferflocken etwa 5 Minuten unter gelegentlichem Umrühren köcheln lassen, bis sie die gewünschte Konsistenz haben. Die Temperatur so einstellen, dass der Haferbrei gerade warm bleibt.

Inzwischen in einer großen Pfanne bei mittlerer Temperatur den übrigen Esslöffel Öl erhitzen. Pilze, Salz und Pfeffer hinzufügen und 3–5 Minuten unter gelegentlichem Umrühren garen, bis die Pilze weich sind. Spinat und Ponzu-Sauce einrühren und etwa 2 Minuten weitergaren, bis der Spinat gerade zusammenfällt.

Haferbrei, Pilze und Spinat auf vier Schälchen oder Tassen aufteilen und vor dem Servieren mit etwas Ponzu-Sauce beträufeln.

Für viele gehört es zu den schönen Camping-Erinnerungen, morgens als Erstes den Campingherd einzuschalten und ein kleines Päckchen Instant-Haferflocken aufzureißen. Ihre Instant-Haferflocken können Sie aber auch selbst herstellen – ganz einfach, preiswerter und vor allem wissen Sie, was drin ist und wie es schmecken wird. Dazu nehmen Sie kernige Haferflocken und wandeln sie in ein paar Schritten etwas ab, sodass sie gleich noch viel besser werden. In diesem Rezept gibt man ihnen durch sanftes Rösten einen nussigen Geschmack. Und da man die Hälfte in einer Küchenmaschine fein mahlt, bekommt der gekochte Haferbrei eine cremigere Konsistenz, als wenn er nur aus Flocken bestünde.

GERÖSTETE INSTANT-HAFERFLOCKEN

ERGIBT 4 PORTIONEN (450 G)

400 g kernige Haferflocken

50 g brauner Zucker
(optional, siehe Anmerkung)

1 TL Salz

½ TL Zimtpulver
(optional, siehe Anmerkung)

Anmerkung: Wenn Sie lieber herzhaften Haferbrei essen (zum Beispiel herzhaften Haferbrei mit Bacon, Cheddar und Spiegelei, gegenüberliegende Seite) oder die Zuckermenge für jede Portion extra berechnen wollen, lassen Sie einfach den braunen Zucker und den Zimt weg. Umgekehrt können Sie auch mehr Zucker hinzufügen, wenn Sie sonst Ihren Haferbrei süßer mögen.

Backofen auf 180 °C erhitzen.

Die Haferflocken auf einem Backblech rund 10–15 Minuten sanft anrösten, aber nicht zu viel Farbe nehmen lassen. Dabei nach der Hälfte der Zeit umrühren. Abkühlen lassen.

Die Hälfte der gerösteten Flocken in einer Küchenmaschine zu feinen Krümeln mahlen. Alle Haferflocken in einer großen Schüssel vermischen und Zucker, Salz und Zimt zufügen.

In einen wiederverschließbaren Gefrierbeutel oder eine Dose mit Deckel füllen und an einem trockenen, kühlen Platz bis zu 1 Jahr lagern. (Sie können die Haferflocken auch in kleine Portionen aufteilen und diese einzeln verpacken und lagern, um Ihre eigenen Instant-Haferflockenpäckchen herzustellen.)

 SUPER-MIX

Wenn Sie Ihre eigenen Instant-Haferflockenpäckchen herstellen, mischen Sie gleich Ihre Lieblingsgeschmackssorten mit hinein, dann brauchen Sie am Morgen nur noch einen Topf mit kochendem Wasser. Probieren Sie einen beliebigen Mix aus Trockenobst (Datteln, Aprikosen, Cranberrys), gefriergetrockneten Früchten (Erdbeeren, Blaubeeren, Äpfel), Samen (Chia, Leinsamen, Hanf) und anderen Zutaten (Kokoschips, kandierter Ingwer, Milchpulver). Nüsse lagere ich separat und füge sie erst dem fertigen Haferbrei hinzu, damit sie ihren Biss behalten.

Wenn Sie süßen Haferbrei noch nie mochten, dann könnte diese herzhafte Variante Ihre Meinung über diesen Frühstücksklassiker ändern. Lassen Sie die anderen doch Früchte, Nüsse und Milch in ihren Haferbrei mischen, der Rebell in Ihnen weiß, dass Schinkenspeck alles besser macht. Der Cheddar verleiht jedem Bissen noch mehr Geschmack. Und ein Ei – natürlich im Fett des Frühstücksspecks gebraten – gibt Ihnen Energie für die große Tageswanderung (oder das große Hängemattenfest, wenn das eher Ihr Ding ist).

HERZHAFTER HAFER-BREI MIT BACON, CHEDDAR UND SPIEGELEI

ERGIBT 4 PORTIONEN

1 EL Olivenöl

1 kleine braune Zwiebel, fein gehackt

700 ml Wasser

225 g geröstete Instant-Haferflocken (Seite 48), ohne Zucker oder Zimt

113 g kräftiger Cheddar-Käse

8 Baconstreifen

4 große Eier

Salz

frisch gemahlener schwarzer Pfeffer

In einem kleinen Topf bei mittlerer Temperatur das Öl erhitzen. Zwiebel hinzufügen und 2–3 Minuten glasig anschwitzen. Wasser und Haferflocken dazugeben und zum Kochen bringen. Temperatur herunterschalten, Topf zudecken und die Haferflocken etwa 5 Minuten unter gelegentlichem Umrühren köcheln lassen, bis sie die gewünschte Konsistenz haben. Den Käse einrühren und Temperatur so weit herunterschalten, dass der Brei gerade warm gehalten wird.

Inzwischen eine große Pfanne auf hoher Temperatur erhitzen. Den Bacon in zwei Portionen jeweils etwa 5 Minuten kross braten, dabei einmal wenden. Auf einen Teller mit Küchenpapier legen und zerkrümeln. Das in der Pfanne zurückgebliebene Fett bis auf 1 EL entsorgen.

Die Pfanne wieder auf mittlere Temperatur erhitzen. Die Eier nacheinander in der Pfanne aufschlagen, dabei darauf achten, dass das Eiweiß nicht zu sehr ineinanderfließt. Etwa 1 Minute stocken lassen, bis das Eiweiß nicht mehr klar ist. Die Temperatur etwas herunterschalten, die Pfanne zudecken und die Eier noch etwa 4 Minuten stocken lassen, bis das Eiweiß fest, das Eigelb aber noch weich ist. (Für mittelfestes Eigelb 5 Minuten stocken lassen, für hartes Eigelb 6 Minuten.)

Haferbrei, Bacon und Eier auf 4 Schälchen aufteilen und mit Salz und Pfeffer nach Geschmack würzen.

Wer sagt, dass Pfannkuchen süß sein müssen? Ein Stapel herzhafter Pfannkuchen ist zwischen den üblichen süßen Frühstückssachen mal eine überraschend andere Variante und funktioniert auch als »Frühstück-zum-Mittagessen«-Gericht. Los geht's mit meiner Backmischung, danach können Sie Ihrer Fantasie freien Lauf lassen. Tauschen Sie die Pilze gegen sonnengetrocknete Tomaten aus. Oder lassen Sie den Ziegenkäse weg und schmelzen stattdessen Cheddar im heißen Teig. Wenn bei Ihrer Campingtruppe das Frühstück ein großes, lustiges Ereignis ist, können Sie auch eine »Pfannkuchen-Theke« einrichten und süße sowie herzhafte Ergänzungen dazu anbieten.

FÜR DIE FÜLLUNG

4 mittelgroße Champignons, in feine Scheiben geschnitten

4 Frühlingszwiebeln, fein geschnitten

2 EL Olivenöl

1 EL frisch gehackter Thymian

½ TL Salz

¼ TL frisch gemahlener schwarzer Pfeffer

FÜR DIE PFANNKUCHEN

240 g Vielzweck-Backmischung (Seite 44)

350 ml Milch

2 große Eier

Butter

Ziegenkäse

 CLEVER

Wo noch kann man Thymian verwenden, wenn Sie gleich eine größere Menge kaufen müssen? Zum Beispiel in der Kräuter-Nussmischung (Seite 109), der Gegrillten Wassermelone mit Gorgonzola und Pistazien (Seite 133), der Mit Kräutern gefüllten Forelle in Bacon (Seite 103), der Knoblauch-Kräuterbutter (Seite 161) oder dem Gegrillten Marktgemüse mit Kräutertoast (Seite 79).

HERZHAFTE PFANN-KUCHEN MIT PILZEN, FRÜHLINGSZWIEBELN UND ZIEGENKÄSE

ERGIBT 4 PORTIONEN

Für die Füllung Pilze, Frühlingszwiebeln, Öl, Thymian, Salz und Pfeffer in einer kleinen Schüssel vermischen und beiseite stellen.

Für die Pfannkuchen die Backmischung mit der Milch und den Eiern in einer großen Schüssel gut verrühren.

In einer großen Pfanne bei mittlerer Temperatur ein Stückchen Butter schmelzen und die Pfanne schwenken, um sie gleichmäßig einzufetten. Nun mit einem großen Löffel jeweils 60 ml des Teigs in die Pfanne geben. 2 gehäufte EL der Pilz-Zwiebel-Mischung über den Teig streuen und während des Backens in den Pfannkuchen drücken. Etwa 3 Minuten braten, bis seine Ränder fest werden. Pfannkuchen umdrehen und die andere Seite noch einmal etwa 2 Minuten braten, bis sie goldbraun und der Pfannkuchen durchgebacken ist.

Mit einem großzügigen Klecks Butter und einer Portion Ziegenkäse servieren.

Pfannkuchen zu backen sind ein beliebtes Morgenritual beim Campen (genau wie zu Hause auch), aber im Laufe der Jahre habe ich viel zu viele Mischungen aus der Tüte oder sogar aus einer Sprühdose gesehen. Pfannkuchenteig ist eine der Mischungen, die sich leicht selbst herstellen lassen. Mischen Sie also eine große Menge meiner Backmischung zusammen und verwöhnen Sie Ihre Mitcamper mit echten, selbst gemachten, frischen und locker-leichten Pfannkuchen.

BUTTERMILCHPFANN-KUCHEN MIT AHORN-SIRUP, MASCARPONE UND BEEREN

ERGIBT 4 PORTIONEN

FÜR DIE PFANNKUCHEN

240 g Vielzweck-Backmischung (Seite 44)

475 ml Buttermilch

115 g Mascarpone

2 große Eier

Butter

FÜR DIE FÜLLUNG

2 EL Puderzucker

115 g Mascarpone

150 g Himbeeren, Brombeeren oder Blaubeeren

Ahornsirup

Für die Pfannkuchen in einer großen Schüssel Backmischung, Buttermilch, Mascarpone und Eier sehr gut vermischen.

Für die Füllung in einer kleinen Schüssel den Puderzucker mit Mascarpone verrühren und beiseite stellen.

In einer großen Pfanne bei mittlerer Temperatur einen Klecks Butter schmelzen, dabei die Pfanne schwenken, damit sie gleichmäßig eingefettet ist. Nun mit einem Löffel jeweils 60 ml Teig in die Pfanne geben. Etwa 3 Minuten braten, bis sich auf der Oberfläche Blasen bilden und die Ränder des Pfannkuchens fest werden. Pfannkuchen umdrehen und noch einmal etwa 2 Minuten braten, bis die andere Seite goldbraun und der Pfannkuchen durchgebacken ist. Auf diese Weise den ganzen Teig aufbrauchen. (Die Pfannkuchen warm halten, indem man sie gestapelt in Folie wickelt.)

Pfannkuchen mit einem Klecks des gesüßten Mascarpone, einer Handvoll Beeren und etwas darübergeträufeltem Ahornsirup servieren.

SPIESSE

Einweichen oder nicht einweichen? Wenn man Küchenweisheiten Glauben schenken darf, sollten Holzspieße vorm Grillen in Wasser eingeweicht werden. Aber verhindert das wirklich das Ankohlen bzw. Anbrennen? Egal, wie lange die Spieße vorab eingeweicht werden, die Enden sind auf einem heißen Grill immer angesengt. Wenn Sie sich Sorgen machen, dass die Spießenden komplett verbrennen könnten, können Sie diese einfach in Alufolie wickeln. Noch besser sind natürlich Metallspieße.

Diese Spieße sind eine reizvolle Abwandlung der traditionellen Kombination von French Toast und Bacon. Wenn Ihr Grill groß genug ist, können Sie sogar für eine ganze Gruppe French Toast machen – verdoppeln Sie einfach das Rezept. (Und denken Sie an genügend Spieße!) Bereiten Sie die Spieße erst ein paar Tage nach Beginn Ihres Camping-Trips zu, damit das Brot schon etwas altbacken ist. Wenn Sie mit frischem Brot losfahren und die Spieße am ersten Morgen machen wollen, schneiden Sie die Scheiben abends ab und trocknen sie an einem warmen, geschützten Ort, zum Beispiel auf dem Armaturenbrett des Autos. Das Brot verliert dann genug Feuchtigkeit, um die ideale Konsistenz für French Toast zu haben.

GEGRILLTER FRENCH TOAST UND BACON

ERGIBT 4 PORTIONEN

3 große Eier

240 ml Kaffeesahne oder Milch

60 ml Spiced Rum

1 EL Zucker

6 etwa 2 cm dicke Scheiben altbackenes Hefe- oder Landweißbrot

8 dicke Baconstreifen

Ahornsirup

Anmerkung: Wenn Sie Ihren Bacon rauchig und süß mögen, bestreichen Sie ihn vor dem Grillen mit etwas Ahornsirup und eventuell auch noch ab und zu während des Grillens.

Für das Grillen einen Zwei-Zonen-Grill vorbereiten (siehe Seite 28).

Eier, Kaffeesahne, Rum und Zucker in einer weiten, flachen Schüssel verrühren, bis alles sehr gut vermischt ist. (Es sollen keine Klümpchen vom Eiweiß oder Eigelb übrig bleiben, da sie sonst im fertigen Toast zu festem Ei werden.)

Schon mal 6 Spieße bereitlegen. Jede Brotscheibe in 2 cm große Würfel schneiden. (Es sollen etwa 36 Stücke sein.) Die Würfel portionsweise in die Eimischung tauchen und etwa 10 Sekunden darin einweichen lassen. Brotwürfel umdrehen und die andere Seite noch einmal etwa 10 Sekunden einweichen, bis das Brot vollgesogen ist, aber nicht zerfällt. Die Brotstücke auf Spieße stecken und beiseite stellen, damit sie etwas abtropfen. Den Bacon wellenartig auf die restlichen Spieße stecken, dabei den Spieß möglichst in den fleischigen Teil des Bacons stechen.

Den Bacon 10–12 Minuten über der indirekten Hitze grillen, dabei den Spieß gelegentlich wenden, bis der Bacon am Rand knusprig und gebräunt, seine Mitte aber noch weich ist.

Das Brot über der direkten Hitze etwa 5 Minuten grillen, dabei gelegentlich wenden, bis die Oberfläche knusprig und goldbraun und die Mitte durchgegart ist. Wenn das Brot zu schnell bräunt, garen Sie es über der indirekten Hitze zu Ende, sobald es eine schöne Bräunung hat.

Vor dem Servieren mit Ahornsirup beträufeln.

French Toast ist an sich schon eine ziemlich dekadente Wahl für die erste Mahl-
zeit des Tages, warum also nicht noch üppiger? Dieses Rezept ist ähnlich luxuriös
wie ein Sandwich mit Erdnussbutter und Konfitüre, nur wird hier die Erdnuss-
butter zwischen zwei dicke Scheiben in Eiercreme getränkte Brot gestrichen,
die durch ein dickflüssiges Topping mit honiggesüßten Beeren gekrönt werden.
Natürlich können Sie statt der Erdnussbutter auch Ihre Lieblings-Nussbutter
nehmen und anstatt der Brombeeren andere Beeren.

FÜR DAS TOPPING

360 g Brombeeren

60 ml flüssiger Honig

Saft von ½ mittelgroßen
Zitrone

FÜR DEN FRENCH TOAST

3 große Eier

240 ml Kaffeesahne oder
Milch

1 EL Zucker

125–200 g Erdnussbutter

8 etwa 2 cm dicke Scheiben
altbackenes Hefe- oder
Landweißbrot

1 EL Butter

MIT ERDNUSSBUTTER GEFÜLLTER FRENCH TOAST UND HONIG-GESÜSSTE BROMBEEREN

ERGIBT 4 PORTIONEN

Für das Topping in einem kleinen Topf bei mittlerer Temperatur Brombeeren, Honig und Zitronensaft etwa 5 Minuten köcheln lassen, bis die Beeren beginnen, Blasen zu werfen und zu zerfallen. Dabei häufig umrühren, damit die Mischung nicht überkocht. Topf vom Herd nehmen und zum Warmhalten zudecken.

Für den French Toast Eier, Kaffeesahne und Zucker in einer weiten, flachen Schüssel sehr gut verrühren. (Es sollen keine Klümpchen vom Eiweiß oder Eigelb übrig bleiben, da diese sonst im fertigen Toast zu festem Ei werden.) Erdnussbutter auf 4 Brotscheiben verstreichen, dann die übrigen Scheiben darauflegen. Die French Toasts auf jeder Seite etwa 10 Sekunden in der Eisahne einweichen, dann beiseite stellen, um sie etwas abtropfen zu lassen.

In einer großen Pfanne bei mittlerer Temperatur die Butter schmelzen und die Pfanne zum gleichmäßigen Verteilen der Butter schwenken. Die French Toasts darin etwa 3–4 Minuten goldbraun braten. Wenden und erneut 3–4 Minuten braten, bis beide Seiten kross und gebräunt sind.

Vor dem Servieren die warmen Beeren und ihren Saft auf die French Toasts geben.

 VARIANTE

Bereiten Sie Ihren French Toast mit einem besonderen Brot zu. Die dichte Krume eines Hefeweißbrots macht es für viele Köche zum Favoriten, Sie können aber auch französisches Baguette, Sauerteigbrot, einen italienischen Panettone oder sogar ein Zimtbrot nehmen. (Lassen Sie bei einem süßen Brot den Zucker in der Eimasse weg.) Kaufen Sie lieber ein ganzes Brot als ein vorgeschnittenes, so können Sie selbst dickere Scheiben abschneiden.

8 große Eier

60 ml Milch

¼ TL Salz

1 EL Olivenöl plus etwas zum
Backen

½ mittelgroße rote Zwiebel,
klein geschnitten

2 mittelgroße Tomaten,
gewürfelt und abgetropft

2 EL Kapern, abgetropft
und klein gehackt

85 g geräucherter Lachs,
klein geschnitten

4 Weizentortillas

110 g weicher Frischkäse

frisch gemahlener
schwarzer Pfeffer

Es gibt Bagels und es gibt Lox – Lachs auf Bagels, den man in New York mit diesem jiddischen Wort bezeichnet. Und dann gibt es Frühstücks-Burritos, eine Kombination meiner liebsten »Verpackung« für Essen, den vielseitigen Tortilla-Wraps, und der klassischen Frischkäse-Räucherlachs-Kombination, die New Yorker und Pendler weltweit so lieben. Wenn man sich morgens auf den Weg zur Arbeit macht, wickelt man diese Burritos in Folie und genießt sie unterwegs. (Oder auch am Zielort selbst – sie schmecken noch 2 Stunden nach ihrer Zubereitung.)

FRÜHSTÜCKS-BURRITOS MIT RÄUCHERLACHS

ERGIBT 4 BURRITOS

In einer großen Schüssel Eier, Milch und Salz gut verrühren.

Öl in einer großen Pfanne auf mittlerer Temperatur erhitzen. Zwiebel hinzufügen und in etwa 3 Minuten glasig schwitzen. Die Eiermischung dazugeben und etwa 2 Minuten stocken lassen, bis sie beginnt, fest zu werden. Nun die Mischung sanft verrühren, bis sie nicht mehr flüssig ist, aber noch feucht aussieht. Tomaten, Kapern und Lachs einrühren und Pfanne vom Herd nehmen.

Jede Tortilla mit 2 EL Frischkäse bestreichen, dabei einen Rand frei lassen. Eiermischung daraufgeben, gleichmäßig auf die 4 Tortillas verteilt. Mit Pfeffer würzen. Die Seiten der Tortillas über die Füllung klappen, dann zu Burritos zusammenrollen.

Als optionalen (aber empfohlenen) letzten Schritt, um die Burritos zu erwärmen und zu »verschließen«, die Pfanne mit Küchenpapier auswischen (oder eine andere, saubere Pfanne verwenden) und darin bei mittlerer Temperatur etwas Olivenöl erhitzen. Die Burritos mit der Nahtstelle nach unten nebeneinander in die Pfanne legen und etwa 5 Minuten goldbraun braten, dabei einmal wenden.

 CLEVER

Was kann man mit der angebrochenen Packung Frischkäse machen? Verbrauchen Sie ihn in Windrad-Picknick-Wraps (Seite 86).

LOX – WAS IST DAS EIGENTLICH?

Was in New York heute von den meisten Lox genannt wird (»Bagel with Lox« ist ein typischer Imbiss in den New Yorker Delis), ist eigentlich geräucherter Lachs, wie man ihn oft auch im Supermarkt findet. Der traditionelle, jüdische gepökelte Lachs im ursprünglichen Bagel mit Lox stammte aus dem Bauchstück des Lachses und hatte einen salzigeren und kräftigeren Geschmack, als gewöhnlich geräucherter Lachs.

8 große Eier

60 ml Milch

¼ TL Salz und etwas zum Abschmecken

110 g Monterey Jack, Pepper Jack oder kräftiger Cheddar, geraspelt

2 EL Olivenöl

1 kleine Zwiebel, klein geschnitten

4 Knoblauchzehen, fein gehackt

1 Poblano-Chilischote, fein gehackt

2 Jalapeños, fein gehackt

120 g Tortilla-Chips, in 2 cm große Stücke gebrochen

2 mittelgroße Tomaten, klein geschnitten

frisch gemahlener schwarzer Pfeffer

1 Handvoll Korianderblätter, frisch gehackt

1 mittelgroße Avocado, entsteint, geschält und in Scheiben geschnitten

scharfe Sauce

 VARIANTE

Dies ist ein schönes Frühstück für einen Faulenzermorgen, an dem jeder seine eigenen Zutaten für das Rührei wählen und selbst hinzufügen kann. Stellen Sie ein paar Auswahlmöglichkeiten bereit, zum Beispiel Salsa, Pico de Gallo, Frühlingszwiebeln, Guacamole, Sauerrahm, Mais- oder Weizenmehltortillas, Bohnenmus, schwarze Bohnen, Pinto-Bohnen und noch mehr Käse.

Zwei Dinge zeichnen dieses Rezept aus: Erstens soll es bei Kater helfen (vielleicht ist es aber auch nur das Einfachste, was man nach einer langen Nacht mit vom Whiskey beflügelten Geschichten um ein Campingfeuer zubereiten kann). Zweitens ist es perfekt, um die Stückchen zerbrochener Chips, die immer überbleiben, zu verbrauchen. In den USA besser bekannt als Migas (aber nicht das Migas-Gericht spanischen Ursprungs, das ganz anders ist), besteht diese Tex-Mex-Version hauptsächlich aus scharfem Rührei mit dem gewissen Etwas. Essen Sie es pur, in Tortillas gewickelt oder als sättigende Mahlzeit mit Bohnenmus.

TEX-MEX-RÜHREI MIT TORTILLA-CHIPS, TOMATEN UND CHILISCHOTEN

ERGIBT 4 PORTIONEN

In einer mittelgroßen Schüssel Eier, Milch und Salz gut verrühren. Die Hälfte des Käses unterrühren. Beiseite stellen.

In einer großen Pfanne bei mittlerer Temperatur Öl erhitzen und darin Zwiebeln und Knoblauch etwa 2–3 Minuten glasig anschwitzen. Poblano- und Jalapeño-Chilischoten zufügen und in etwa 2 Minuten weich garen.

Die Temperatur auf niedrig herunterschalten und die Eiermischung hineingießen. Etwa 3 Minuten rühren, bis das Ei zu stocken beginnt. Zwei Drittel der Tortilla-Chips hinzufügen und etwa 3 Minuten weiterrühren, bis die Eimasse weich und noch feucht ist. Tomaten und die andere Hälfte des Käses hinzufügen und alles erneut etwa 3 Minuten unter Rühren garen, bis das Rührei noch weich, aber durchgegart ist. Das restliche Drittel der Tortilla-Chips untermischen und die Pfanne vom Herd nehmen.

Mit Salz und Pfeffer abschmecken, mit Koriander garnieren und mit den Avocadoscheiben und der scharfen Sauce servieren.

Für dieses herbstliche Frühstück wird die übliche Schinken-Kartoffel-Pfanne mal abgewandelt. Pancetta und Süßkartoffeln verbinden sich hier aufs Beste. Konsistenz und Geschmack können Sie verändern, indem Sie verschiedene Süßkartoffelsorten ausprobieren (zum Beispiel japanische Süßkartoffeln, die etwas nach Kastanie schmecken) und diverse Apfelsorten (von süß bis säuerlich) nehmen. Für mehr Portionen (oder wenn Sie besonders gern Ei essen) drücken Sie für weitere Eier einfach mehr Vertiefungen in die Mischung.

SÜSSKARTOFFEL-APFEL-PANCETTA-PFANNE

ERGIBT 4 PORTIONEN

170 g Pancetta, in Stückchen geschnitten

1 kleine Zwiebel, fein gehackt

2 mittelgroße Äpfel, entkernt und in 1 cm große Würfel geschnitten (ca. 450 g)

2 EL Olivenöl

2 große Süßkartoffeln, geschält und in 1 cm große Würfel geschnitten (ca. 1 kg)

1 TL Chiliflocken

½ TL Salz

¼ TL frisch gemahlener schwarzer Pfeffer

65 g Babyspinal

4 große Eier

Anmerkung: In einigen Ländern können Sie in einem großen Supermarkt abgepackten Pancetta schon gewürfelt im Kühlregal finden.

Eine große Pfanne bei mittlerer Temperatur erhitzen. Den Pancetta hinzufügen und unter gelegentlichem Umrühren etwa 5–8 Minuten braten, bis er gebräunt und kross ist. Pancetta auf einen großen Teller legen, das ausgelassene Fett in der Pfanne zurückbehalten.

Das Fett etwa 1 Minute wieder erhitzen. Zwiebel dazugeben und etwa 2–3 Minuten darin anschwitzen, bis sie beginnt, glasig zu werden. Apfelstücke einrühren und 3–5 Minuten goldbraun braten. Zwiebel und Apfelstücke auf den Teller mit dem Pancetta füllen.

Pfanne wieder erhitzen und das Öl darin verteilen. Die Süßkartoffelwürfel einlagig hineingeben und etwa 5 Minuten ohne Rühren braten, bis ihre Unterseite gebräunt ist. Mit Chiliflocken, Salz und Pfeffer würzen und alles unter gelegentlichem Umrühren noch 8–10 Minuten weiterbraten oder so lange, bis die Süßkartoffelstücke die gewünschte Konsistenz haben.

Pancetta, Zwiebel und Äpfel wieder in die Pfanne geben und mit den Süßkartoffeln mischen. Spinat hinzufügen und die Mischung 2–3 Minuten weitergaren, bis der Spinat zusammengefallen ist.

Mit einem Löffel vier Vertiefungen in die Mischung drücken und in jede 1 Ei aufschlagen. Pfanne zudecken und das Eigelb 8–10 Minuten stocken lassen. (Wenn Sie das Eigelb fester mögen, lassen Sie alles noch ein paar Minuten länger garen.)

Meist gibt es beim Campen eine Person in der Gruppe, die von den ersten Sonnenstrahlen geweckt wird, Kaffee zubereitet und die anderen mit dem durch die Luft wabernden Duft brutzelnden Specks weckt. Sollten Sie das sein, setzen Sie diese Kartoffeln auf den Speiseplan. Sie müssen etwas länger garen, brauchen dafür aber nur ein paar Minuten Vorbereitung und eignen sich daher perfekt fürs Meditieren an einem frühen Faulenzermorgen. Servieren Sie sie als ganze Mahlzeit oder zusammen mit Eiern (und auch nicht nur zum Frühstück – sie schmecken toll zum Steak am Abend).

IN BACON GEWICKELTE KARTOFFELN MIT BLAUSCHIMMELKÄSE

ERGIBT 4 PORTIONEN

Olivenölspray

6 Baconstreifen, halbiert

12 neue Kartoffeln (ca. 680 g)

frisch gemahlener schwarzer Pfeffer

225 g Sauerrahm

55 g Blauschimmelkäse, zerkrümelt

2 Frühlingszwiebeln, in feine Ringe geschnitten

Milch (optional)

Eine entsprechende Menge Holz, Hartholzkohle oder Briketts vorbereiten (siehe Seite 28). Etwa ¼ der Kohle ringförmig in die Feuergrube legen (siehe Seiten 32-34).

Einen Dutch Oven dünn mit Öl aussprühen. Je einen Baconstreifen fest um eine Kartoffel wickeln. Kartoffeln in einer Lage so in den Dutch Oven legen, dass das Ende des Baconstreifens jeweils unten liegt. Leicht pfeffern, den Deckel auflegen und 2 Ringe Kohle daraufliegen.

Bei hoher Temperatur 40–50 Minuten braten, bis die Baconstreifen kross und die Kartoffeln weich sind. Falls nötig Kohle nachlegen, um die Temperatur aufrechtzuerhalten. Nach der Hälfte der Garzeit den Dutch Oven mit Deckel um 180° drehen, damit das Bratgut gleichmäßig gart.

In einer mittelgroßen Schüssel Sauerrahm, Blauschimmelkäse und Frühlingszwiebeln vermischen und eventuell etwas Milch dazugeben, um die Konsistenz zu verdünnen. Die Kartoffeln vor dem Servieren damit beträufeln oder die Creme als Dip dazustellen.

WIE KAM DER DUTCH OVEN ZU SEINEM NAMEN?

Den Begriff Dutch Oven gibt es seit den frühen 1700er-Jahren, wobei sein Ursprung nicht geklärt ist. Man nimmt allgemein an, dass der Engländer Abraham Darby in die Niederlande reiste, um den fortschrittlichen Umgang der Holländer mit den gusseisernen Kochgeräten zu studieren. Zurück in Großbritannien entwickelte er schließlich eine bessere Methode, um dünnere und leichtere Töpfe herzustellen. Möglicherweise wurden seine »Dutch Oven« nach dem ursprünglich holländischen Prozess benannt.

Eine andere Theorie besagt, dass der Name von holländischen Geschäftsleuten stammt, die ihre gusseisernen Töpfe mit in die amerikanischen Kolonien brachten. Und eine dritte Annahme geht davon aus, dass der Name auf die Beliebtheit dieses Topfes bei den frühen »Dutch« Siedlern (Deutsche) in Pennsylvania zurückzuführen ist.

Frittatas gehören zu den Gerichten, die ich liebevoll »Speisekammer-Gerichte« nenne, weil man zu einer Grundlage aus Ei fast alles aus der Küche (ob aus der Speisekammer oder nicht) hinzufügen kann. Während man Frittatas sonst umdrehen (oder auf dem Herd beginnen und im Backofen beenden) muss, ist eine Frittata aus dem Dutch Oven ein wunderbares Ein-Topf-Gericht. Spinat und Artischocken ist eine klassische Frittata-Kombination, aber durchsuchen Sie Ihre Kühlbox nach anderen Zutaten, die am Ende Ihres Campingtrips übrig geblieben sind. Der Wurstzipfel vom letzten Abend, eine halbe Avocado, ein paar Zweige Basilikum und Reste aus Dosen und Gläsern – fast alles ist möglich.

SPINAT-ARTISCHOCKEN-FRITTATA AUS DEM DUTCH OVEN

ERGIBT 4 PORTIONEN

12 große Eier

120 ml Milch

55 g kräftiger Cheddar, geraspelt

½ TL Salz

Olivenölspray

2 mittelgroße Schalotten, in Scheiben geschnitten

4 Knoblauchzehen, fein gehackt

300 g Babyspinat

400 g Artischockenherzen aus der Dose, abgetropft und klein geschnitten

50 g Parmesan, gerieben

Eine entsprechende Menge Holzkohle, Hartholzkohle oder Grillbriketts vorbereiten (siehe Seite 28). Etwa eine Hälfte der Kohle in der Feuergrube ausbreiten (siehe Seiten 32–34).

In einer großen Schüssel die Eier mit Milch, Cheddar und Salz verquirlen.

Dutch Oven mit Öl aussprühen und über der Kohle erhitzen. Schalotten und Knoblauch hinzufügen und etwa 2 Minuten glasig schwitzen. Spinat einrühren und 2–3 Minuten mitgaren, bis er zusammenfällt. Artischocken dazugeben und alles gut vermengen.

Dutch Oven von der Kohle nehmen und die Kohle ringförmig anordnen (siehe Seiten 33 und 34). Dutch Oven darauf stellen, die Eimasse gleichmäßig auf dem Gemüse verteilen und kurz durchrühren, damit alle Zutaten davon umhüllt sind. 3–5 Minuten stocken lassen, bis die Ränder beginnen, fest zu werden. Parmesan darüberstreuen, Deckel auflegen und 1½ Kohlenringe darauflegen.

Bei mittlerer Temperatur etwa 15 Minuten garen, bis die Eimasse luftig ist und die Frittata beim Anstoßen noch etwas wackelt.

Dutch Oven von der Kohle nehmen und die Frittata vor dem Servieren noch 5 Minuten ohne Deckel stehen lassen.

MITTAGS-MAHLZEITEN

Die Luft ist frisch und rein, die Sonne wohltuend und die Ausblicke sind prächtig wie auf Postkarten. Aber in Ihrem Magen grummelt es immer lauter. Sie holen eine Mahlzeit aus dem Rucksack und lassen sich auf einem Aussichtspunkt nieder. Während Sie in aller Ruhe essen und Ihr Blick über die Landschaft schweift, fühlen sich Körper und Geist neu belebt. Alle Sorgen verfliegen. Gut gestärkt und beschwingt können Sie Ihre Reise fort-setzen.

Diese interessante Spiegelei-Variante heißt in den USA Ei im Loch oder wird auch liebevoll Ei mit Hut, Ei im Nest oder Ei im Korb genannt und gehört dort seit den späten 1800er-Jahren zur kulinarischen Geschichte. Es ist ein idealer Schmaus für Kinder und eine Neuheit für Hobbyköche. Vielleicht hat sich deshalb nichts an dem Rezept geändert, als es mündlich von Generation zu Generation weitergegeben wurde. Hier kombiniere ich es mit einem anderen Klassiker, dem gegrillten Käsesandwich, zu einer neuen, üppigen Version.

EI IM GEGRILLTEN KÄSETOAST

ERGIBT 4 PORTIONEN

8 Scheiben Toastbrot
Mayonnaise
150 g kräftiger Cheddar-Käse, geraspelt
4 große Eier
Salz
frisch gemahlener schwarzer Pfeffer

4 Toastscheiben mit einer dünnen Schicht Mayonnaise bestreichen, dann umdrehen und den Käse gleichmäßig auf der anderen Seite verteilen. Mit den übrigen 4 Scheiben bedecken und wiederum mit einer dünnen Schicht Mayonnaise bestreichen.

Eine große Pfanne bei mittlerer Temperatur erhitzen. Die Sandwiches nebeneinander in die Pfanne legen (eventuell portionsweise arbeiten) und 3 Minuten braten, bis der Käse zu schmelzen beginnt und die Unterseiten goldbraun sind.

Sandwiches wenden. Mit einem 6-cm-Keksausstecher oder dem Rand eines robusten Glases in der Mitte der Sandwiches ein Loch ausstechen (oder mit einem Keksausstecher Herzen ausstechen) und die ausgestochenen Teile neben die Sandwiches legen. In jedes Loch ein Ei aufschlagen und mit 1 Prise Salz und Pfeffer würzen. Pfanne zudecken und die Sandwiches 3–5 Minuten braten, bis das Eiweiß fest und das Eigelb nach Wunsch gestockt ist. Mit den restlichen Sandwiches genauso verfahren.

Vor dem Servieren die ausgeschnittenen Sandwichteile als »Hut« auf die Eier legen.

Wenn Sie ein Fan von Käsetoast sind, sich aber manchmal noch einen Extra-Kick dazu wünschen, dann probieren Sie diese kalifornisch inspirierte Version. Eine Mischung aus cremiger Avocado und rauchigen Chilischoten macht aus dem klassischen Käsetoast ohne großen Mehraufwand ein besonderes Geschmackserlebnis. Der clevere Trick für die Außenseite der Brotscheiben hat gleich drei Vorteile: Mayonnaise statt Butter verleiht dem Brot eine wunderbar braune und krosse Kruste, das Brot brennt nicht so leicht an und die Mayonnaise verstreicht sich leichter. (Wer hat sich nicht schon einmal über die steinharte Butter geärgert, die die Brotscheibe zerdrückt oder gar zerreißt?)

CHIPOTLE-AVOCADO-KÄSESANDWICH

ERGIBT 4 PORTIONEN

2 kleine Avocados, ohne Kern, geschält und gewürfelt

2 Chipotle-Chilischoten in Adobo-Sauce aus der Dose, sehr klein gehackt

Saft von 1 kleinen Limette

8 Scheiben Sauerteigbrot

Mayonnaise

150 g kräftiger Cheddar-Käse, geraspelt

Einen Grill auf hohe Temperatur erhitzen.

Die Avocados in einer kleinen Schale mit einer Gabel zerdrücken. Chipotle, etwas Adobo-Sauce und Limettensaft hinzugeben und alles gut vermischen.

4 Brotscheiben dünn mit Mayonnaise bestreichen, umdrehen und auf jede gleichmäßig das Avocadomus und die Käseraspel geben. Die restlichen Brotscheiben dünn mit Mayonnaise bestreichen und darauflegen.

Die Sandwiches nebeneinander auf den Grill geben und 3–4 Minuten angrillen, bis der Käse leicht geschmolzen ist und die Unterseiten goldbraun sind. Wenden und, solange grillen, bis der Käse ganz geschmolzen ist und die Brote von allen Seiten goldbraun sind.

SO WIRD'S EIN PFANNEN-SANDWICH

Wenn Sie keinen Grill anfeuern möchten, erhitzen Sie eine große Pfanne auf mittlerer Temperatur. Braten Sie das Sandwich auf jeder Seite 3–4 Minuten, bis es goldbraun und der Käse ganz geschmolzen ist.

VARIANTE

Peppen Sie die Füllung doch mal mit gedünsteten Pilzen, karamellisierten Zwiebeln, Bacon und Tomate, Peperoni und sonnengetrockneten Tomaten, Pickles, Kimchi oder auch mit einem Rest vom Chili con carne auf.

2 EL Olivenöl

1 kleine Zwiebel,
klein geschnitten

4 Knoblauchzehen,
fein gehackt

170 g Pancetta,
klein gewürfelt

3 EL marokkanische
Gewürzmischung (unten)

425 g stückige Tomaten
aus der Dose

425 g Kichererbsen
aus der Dose, abgebraust
und abgetropft

300 g Babyspinat

Saft von 1 mittelgroßen
Zitrone

Dieser Wohlfühl-Eintopf lässt sich inspirieren von marokkanischen Gewürzen, indischem Curry und dem spanischen Gericht espinacas con garbanzos (übersetzt Spinat mit Kichererbsen, was ziemlich gewöhnlich klingt, obwohl der Geschmack alles andere als gewöhnlich ist). Sie können dazu wie die Spanier geröstetes Brot servieren oder zum Beispiel warmes indisches Naan, um die Sauce aufzutunken. Aber dieser herzhafte Eintopf sättigt auch ganz allein wunderbar.

EINTOPF MIT SPINAT, KICHERERBSEN UND PANCETTA

In einer großen Pfanne das Öl auf mittlerer Temperatur erhitzen. Zwiebel und Knoblauch darin 2–3 Minuten anschwitzen, bis die Zwiebel glasig zu werden beginnt. Pancetta zugeben und etwa 5 Minuten braten, bis er leicht gebräunt ist. Gewürzmischung hinzufügen und alles gut verrühren. Tomaten einrühren und etwa 10 Minuten köcheln lassen. Nun Kichererbsen und Spinat hinzufügen und 3–5 Minuten garen, bis die Kichererbsen erhitzt sind und der Spinat zusammengefallen ist. Den Zitronensaft unterrühren.

Marokkanische Gewürzmischung

Diese Gewürzmischung nach Curry-Art ähnelt Ras el Hanout, einer Basis-Gewürzmischung der nordafrikanischen Küche. Sie verleiht Hähnchen, Lamm, Kartoffeln und mehr einen warmen, kräftigen Geschmack.

ERGIBT 25 G

1 EL Kreuzkümmelpulver

1 EL Korianderpulver

1 EL Ingwerpulver

1 TL Zimtpulver

1 TL geräuchertes
Paprikapulver

½ TL Cayennepfeffer

½ TL Kurkumapulver

Alle Zutaten in einer kleinen Schüssel vermischen. In eine wiederverschließbare Plastiktüte oder eine kleine Dose mit Deckel füllen und an einem trockenen, kühlen Ort bis zu 6 Monate aufbewahren.

FÜR DIE SUPPE

1 EL Olivenöl

½ mittelgroße Zwiebel, klein geschnitten

4 Knoblauchzehen, klein gehackt

1,6 l passierte Tomaten (aus dem Päckchen)

55 g Butter

2 TL Zucker plus etwas zum Abschmecken

¼ TL Salz

¼ TL frisch gemahlener schwarzer Pfeffer

1 Handvoll Basilikumblätter, frisch gehackt

geriebener Parmesan

FÜR DIE GEGRILLTEN KÄSE-CROÛTONS

8 Scheiben Sauerteigbrot

Mayonnaise

Dijon-Senf

150 g kräftiger Cheddar-Käse, geraspelt

Wenn Tomatensuppe zu Ihren liebsten Wohlfühlessen gehört, lohnt es sich, sie beim Campen selbst zu machen. (Es ist ganz einfach!) Der Schlüssel zu einer wirklich guten Tomatensuppe sind – wenig überraschend – wirklich gute Tomaten. Nehmen Sie qualitativ hochwertige passierte Bio-Tomaten, bei denen Säure und Süße gut ausbalanciert sind, dann brauchen Sie nicht viel mehr für eine köstliche Suppe. Da aber keine Tomatensuppe ohne den im Mund schmelzenden gegrillten Käse komplett ist, kommen hier als Croûton-Abwandlung knusprige Stücke des klassischen Käsetoasts hinein.

TOMATENSUPPE MIT GEGRILLTEN KÄSE-CROÛTONS

ERGIBT 4 PORTIONEN

Für die Suppe das Öl in einem Suppentopf auf mittlere Temperatur erhitzen und darin 2–3 Minuten Zwiebel und Knoblauch anschwitzen, bis die Zwiebel glasig zu werden beginnt. Die passierten Tomaten dazugeben und alles zum Köcheln bringen, dabei häufig umrühren, damit die Tomatensuppe nicht Blasen wirft und spritzt. Die Butter unterrühren, bis sie geschmolzen ist. Zucker, Salz und Pfeffer hinzufügen, abschmecken und bei Bedarf nachwürzen. Temperatur herunterschalten und die Suppe köcheln lassen.

Inzwischen für die gegrillten Käse-Croûtons die Hälfte der Brotscheiben dünn mit Mayonnaise bestreichen, dann die Scheiben umdrehen und die andere Seite dünn mit Senf bestreichen. Den Käse gleichmäßig auf dem Senf verteilen. Die anderen vier Brotscheiben auflegen und ebenfalls dünn mit Mayonnaise bestreichen.

Eine große Pfanne bei mittlerer bis niedriger Temperatur erhitzen, die Sandwiches hineinlegen und etwa 3 Minuten braten, bis der Käse zu schmelzen beginnt und die Unterseite goldbraun wird. Sandwiches wenden und noch etwa 3 Minuten braten, bis der Käse ganz geschmolzen und das Brot rundum knusprig und gebräunt ist.

Die Sandwiches auf ein Schneidebrett legen und jeweils in 2 cm große Stücke schneiden. Die Suppe vom Herd nehmen und das Basilikum unterrühren. Auf 4 Schälchen verteilen und jeweils nach Belieben mit geriebenem Parmesan und den gegrillten Käse-Croûtons servieren.

Wenn die Tage kürzer werden, sich das Wetter langsam abkühlt, und Sie dieses Frösteln vom späten Morgen nicht loswerden können, holen Sie den Suppentopf hervor und bereiten Sie diese Leib und Seele wärmende Suppe zu. Samtig-weiche Süßkartoffeln, seidige Quinoa und cremiger Feta geben dem ansonsten einfachen, herbstlichen Wohlfühl-Eintopf zusätzliche Reichhaltigkeit. Füllen Sie eine heiße Portion davon in einen isolierten, auslaufsicheren Behälter und nehmen Sie diesen auf den Nachmittagsausflug im Kanu mit.

SPINAT-SÜSSKARTOFFEL-KAROTTENSUPPE MIT QUINOA

ERGIBT 6 PORTIONEN

2 EL Olivenöl

1 kleine Zwiebel, klein geschnitten

4 Knoblauchzehen, klein gehackt

¼ TL rote Chiliflocken

1 mittelgroße Süßkartoffel, geschält und klein gewürfelt (ca. 225 g)

4 neue Kartoffeln, klein gewürfelt (ca. 225 g)

1 mittelgroße Karotte, in dünne Scheiben geschnitten

1,2 l Hühnerbrühe

175 g Quinoa

150 g Babyspinat

115 g Feta, fein zerkrümelt

frisch gemahlener schwarzer Pfeffer

Einen Suppentopf auf mittlere Temperatur erhitzen und das Öl hineingeben. Zwiebel, Knoblauch und Chiliflocken hinzufügen und 2–3 Minuten anschwitzen, bis die Zwiebel glasig zu werden beginnt. Süßkartoffel, Kartoffeln und Karotte hineingeben und 5–8 Minuten garen, bis das Gemüse weich zu werden beginnt, dabei ab und zu umrühren. Brühe und Quinoa zufügen und zum Kochen bringen. Temperatur reduzieren und 15–20 Minuten köcheln, bis das Gemüse weich ist und die Quinoa gar. (Quinoa ist gar, wenn die weißen Keime außen am Quinoa-Korn eine sichtbare Spirale formen.)

Spinat und Feta einrühren und noch 2–3 Minuten garen, bis der Spinat zusammengefallen und der Käse geschmolzen ist. Mit Pfeffer abschmecken.

Scharf. Süß. Säuerlich. Knackig. Dieser farbenfrohe, thailändisch inspirierte Salat hat in Bezug auf Geschmack und Konsistenz viel zu bieten. Durch frisches, rohes Gemüse wird er leicht und knackig, während zarte Quinoa sättigend genug ist, um ihn zu einer kompletten Mahlzeit zu machen. Eine großzügige Handvoll frischer Kräuter ist ein zusätzlicher Kick für die Geschmacksknospen, der durch das würzig-scharfe Dressing noch verstärkt wird.

THAILÄNDISCHER QUINOA-SALAT MIT FRISCHEN KRÄUTERN

ERGIBT 4–6 PORTIONEN

FÜR DAS DRESSING

2 EL Fischsauce

2 EL geröstetes Sesamöl

2 EL brauner Zucker

1 EL Sriracha

1 EL frisch geriebener Ingwer

2 Knoblauchzehen, klein gehackt

Saft von 6 mittelgroßen Limetten

Zu Hause

Für das Dressing alle Zutaten in einer kleinen Schüssel verrühren, bis der Zucker aufgelöst und alles gut vermischt ist. In ein Glas oder eine Dose mit Deckel füllen und bis zu 3 Tage kühl stellen.

FORTSETZUNG DES REZEPTS NÄCHSTE SEITE

FÜR DEN SALAT

890 ml Wasser

1 TL Salz

355 g Quinoa

1 große Karotte,
geraspelt oder in feine
Stifte geschnitten

1 mittelgroße Paprikaschote,
in dünne Streifen geschnitten

1 mittelgroße Salatgurke,
klein gewürfelt

4 Frühlingszwiebeln,
klein geschnitten

25 g frisch gehackte
Korianderblätter

25 g frisch gehackte
Minzeblättchen

25 g frisch gehackte
Basilikumblättchen
(vorzugsweise Thai-
Basilikum)

Im Camp

Für den Salat Wasser mit Salz in einem Topf zum Kochen bringen. Die Quinoa einrühren. Temperatur reduzieren, Topf zudecken und die Quinoa etwa 15 Minuten köcheln lassen, bis alle Flüssigkeit aufgenommen und die Quinoa weich ist. (Quinoa ist gar, wenn die weißen Keime außen am Quinoa-Korn eine sichtbare Spirale formen.) Topf vom Herd nehmen und zugedeckt 5 Minuten stehen lassen. Quinoa in eine Schüssel umfüllen, mit einer Gabel auflockern und abkühlen lassen.

Karotte, Paprikaschote, Gurke, Frühlingszwiebeln, Koriander, Minze und Basilikum zu der Quinoa in die Schüssel geben. Das Dressing darübergießen und gut mit dem Salat mischen.

✦ VARIANTE ✦

Geben Sie dem Salat einen anderen Geschmack und eine andere Konsistenz, indem Sie mit anderem Gemüse experimentieren, zum Beispiel mit enthülsten Edamame, Rispentomaten und jungem Blattgemüse. Wenn Sie vom letzten Abendessen noch Hähnchenfleisch übrig haben, zerpflücken Sie es und geben Sie es zu dem Gemüse und den Kräutern.

✦ CLEVER ✦

Bevor Sie den Rest Koriander entsorgen, verwenden Sie ihn für Marktfrischen Taco-Salat mit cremigem Koriander-Limetten-Dressing (Seite 80), Tacos mit gegrillten Garnelen, Mais und Tomaten-Salsa (Seite 98), Lachs in Folie mit Ananas-Salsa (Seite 101), Gegrillte Guacamole (Seite 106), Mexikanischen Maissalat (Seite 122), Mexikanischen Garnelen-Cocktail (Seite 123), Rote-Linsen-Suppe mit Karotten und Kreuzkümmel (Seite 138) oder Kubanischen Reis mit Huhn (Seite 167).

UNIVERSAL-GRILLSAUCE

Jeder Camping-Koch und jede Camping-Köchin braucht eine ganz spezielle Sauce für alle Fälle. Diese vielseitige Mischung ist genau das, was Sie in Ihrer Grillküche unbedingt benötigen. Mit einem Trio aus salzigen, süßen und sauren Noten reizt sie alle Geschmacksknospen und ergänzt alles, was Sie auf den Grill legen (oder vom Grill herunternehmen). Verwenden Sie die Sauce zum Beträufeln oder als Dip, als Marinade für zartes Gemüse oder für Eiweißreiches wie Huhn, Steak und Tofu. Streichen Sie die Sauce während des Garens auf das Grillgut, damit es saftig bleibt. Oder geben Sie sie nach dem Grillen darauf, um den Geschmack von Gemüse & Co. zu intensivieren.

ERGIBT 240 ML

80 ml Sojasauce
80 ml flüssiger Honig
80 ml Zitronensaft

Alle Zutaten in einer kleinen Schüssel verrühren und in ein Glas mit Schraubdeckel füllen. Bis zu drei Tage kühl stellen.

Wenn Sie Ihr eigenes Gemüse anbauen oder gerne auf Bauernmärkte gehen, ist dieses Rezept genau das Richtige für Sie. Während man im Sommer mit der Familie oder Freunden draußen sitzt, garen auf dem Grill die allerbesten Zutaten. Wählen Sie ein Kaleidoskop farbenfroher Gemüsesorten (von Tomaten über Karotten und Radicchio bis hin zu Auberginen) und verlängern Sie das Festmahl in die Nacht hinein, indem Sie Lampen aufhängen und auch ein paar Fleischstücke auf den Grill legen. Die vom Grill hübsch gefleckten Gemüse sehen garantiert eindrucksvoll aus – auch, wenn ihre Zubereitung nur ein paar Minuten gedauert hat.

GEGRILLTES MARKTGEMÜSE MIT KRÄUTERTOAST

ERGIBT 4 PORTIONEN

225 g weicher Ziegenkäse

120 ml Milch oder Kaffeesahne

1 Handvoll gemischte Kräuter, frisch gehackt (zum Beispiel Petersilie, Schnittlauch, Thymian und Rosmarin)

2 kg gemischtes Gemüse, zubereitet nach der Anleitung zum Grillen von Gemüse auf Seite 81

Olivenölspray

Salz

frisch gemahlener schwarzer Pfeffer

240 ml Universal-Grillsauce (Seite 78)

1 Laib italienisches, französisches oder Sauerteigbrot, in Scheiben geschnitten

115 g weiche Knoblauch-Kräuterbutter (Seite 161)

Den Grill für direkte Hitze vorbereiten.

In einer kleinen Schüssel Ziegenkäse, Milch und Kräuter verquirlen, bis die Creme leicht und locker ist. Beiseite stellen.

Gemüse dünn mit Öl einsprühen und mit ein paar Prisen Salz und Pfeffer würzen, dann nebeneinander auf dem Grill anordnen. Grillen, bis sie hübsche Grillstreifen haben, dabei häufig wenden. Das fertig gegarte Gemüse vom Grill nehmen und auf eine Servierplatte legen. Die Sauce darüber träufeln. (Alternativ können Sie die Sauce auch als Dip servieren.)

Brotscheiben auf beiden Seiten in 2–3 Minuten goldbraun grillen.

Zum Servieren das Gemüse und das geröstete Brot in die Mitte des Tisches stellen und zum Bestreichen der Brotscheiben die Kräuterbutter und die Ziegenkäsecreme dazu servieren.

 **CLEVER**

Wenn gegrilltes Gemüse übrig bleibt, machen Sie am nächsten Tag ein Mittagessen daraus. Füllen Sie das (kalte oder aufgewärmte) Gemüse in Pita-Taschen oder Tortilla-Wraps und richten Sie es mit restlichem Ziegenkäse, Aioli (Seite 91), Hummus oder Vinaigrette an.

FÜR DAS DRESSING

- 50 g Korianderblätter
- 115 g Sauerrahm
- 55 g Mayonnaise
- 2 EL Apfelessig
- 2 Knoblauchzehen
- ½ TL Salz
- ¼ TL frisch gemahlener schwarzer Pfeffer
- Saft von 1 mittelgroßen Limette
- 120 ml Olivenöl

FÜR DEN SALAT

- 1 mittelgroßer Kopf Römersalat, klein geschnitten
- 425 g Pinto-Bohnen aus der Dose, abgebraust und abgetropft
- 150 g Kirschtomaten, halbiert
- 2 Maiskolben, Blätter entfernt und Körner abgelöst
- 1 Bund Radieschen, geviertelt, das Grün aufgehoben und klein gehackt
- 2 kleine Avocados, ohne Kern, geschält und gewürfelt
- 1 mittelgroße Paprikaschote, entkernt und gewürfelt
- ½ mittelgroße rote Zwiebel, gewürfelt
- 1 Handvoll Korianderblätter, frisch gehackt
- Cotija-Käse, zerkrümelt
- Tortilla-Chips

Vielleicht glauben Sie, ein Taco-Salat ohne Fleisch ist kein Taco-Salat, aber ich verspreche Ihnen, Sie werden das Fleisch bei dieser Version mit viel frischem Marktgemüse nicht vermissen. Die Maiskörner bleiben in diesem Rezept roh – und wenn Sie noch nie Mais gegessen haben, der nicht auf irgendeine Art gegart war, werden Sie freudig überrascht sein. Kaufen Sie die frischesten, jungen Maiskolben der Saison und Sie werden staunen, wie süß, zart und fast milchig sie so pur schmecken. Wenn Sie Radieschen mit noch knackigem Grün finden, geben Sie dieses auch in den Salat. Haben Sie die Hauptzutaten beisammen, krönt ein cremiges, pikantes Dressing voller Kräuter dieses leichte, aber sättigende Mittagessen.

TACO-SALAT MIT CREMIGEM KORIANDER-LIMETTEN-DRESSING

ERGIBT 4 PORTIONEN

Zu Hause

Für das Dressing Koriander, Sauerrahm, Mayonnaise, Essig, Knoblauch, Salz, Pfeffer und Limettensaft in die Küchenmaschine füllen. Pürieren, dabei eventuell die Mischung an den Seiten wieder nach unten schieben. Küchenmaschine laufen lassen und dabei das Öl in dünnem Strahl dazugießen, bis das Dressing glatt ist und sich alle Zutaten gut verbunden haben. Dressing in ein verschließbares Gefäß füllen und bis zu 3 Tage kühl stellen.

Im Camp

Für den Salat in einer großen Schüssel Römersalat, Bohnen, Tomaten, Maiskörner, Radieschen, Radieschengrün, Avocados, Paprikaschote, Zwiebel und Koriander mischen. Das Dressing darübergießen und den Salat umrühren, um alles mit dem Dressing zu überziehen. Vor dem Servieren Cotija-Käse über den Salat streuen und dazu eine große Portion Tortilla-Chips anbieten.

Anleitung zum Grillen von Gemüse

Gemüse kommt roh auf den Grill, da die hohe Temperatur den in ihm enthaltenen natürlichen Zucker konzentriert, wodurch es fester und süßer wird. Grillgemüse ist eine praktische Beilage für scharf gebratene Steaks und anderes Fleisch, weil man alles auf einmal auf dem Grill zubereiten kann und daher nicht so viel saubermachen muss. Tauchen Sie das Gemüse in dieselbe Marinade wie das Fleisch oder bestreichen Sie es nach dem Grillen damit. Sie können auch ein Stück Kräuterbutter daraufsetzen (siehe Seite 160). Um das Gemüse pur zu grillen, sprühen Sie es vorher mit Olivenöl ein.

Einen Grill auf mittlere Temperatur erhitzen.

Gemüse mit Öl einsprühen und auf den Grill legen. Grillen, bis das Gemüse zart und etwas gebräunt ist sowie krosse Ränder und schöne Grillstreifen aufweist. Dabei gelegentlich wenden. (In der Tabelle stehen Richtlinien für die Grillzeiten. Die Zeitspanne bezieht sich darauf, wie sehr das Gemüse gegart sein soll, von bissfest bis butterweich.)

Gemüse	Vorbereitungsmethode	Ungefähre Grillzeit
Spargel	harte Enden abschneiden	5 Minuten
Paprikaschoten	längs halbieren	5–8 Minuten
Kohl	längs in Achtel schneiden	6–8 Minuten
Karotten (nicht dicker als 2 cm Durchmesser)	längs halbieren	10–15 Minuten
Maiskolben	Blätter entfernen; falls gewünscht mit ein paar Butterflöckchen in Alufolie wickeln	8–10 Minuten
Auberginen	dicke Sorten in 1 cm dicke Scheiben schneiden, kleine Früchte längs halbieren	8–10 Minuten
Fenchel	Knolle längs halbieren, Strunk herausschneiden und dann die Knollenhälften jeweils längs halbieren	10–15 Minuten
Römersalat	längs halbieren	6–8 Minuten
Portobello-Pilze	Stiele putzen	10–15 Minuten
Zwiebel	längs halbieren, dabei das Wurzelende intakt lassen	5–10 Minuten
Radicchio	längs in Viertel schneiden	6–8 Minuten
Frühlingszwiebeln	ganz lassen	3–5 Minuten
Brechbohnen	ganz lassen	5–8 Minuten
Sommerkürbis (Crookneck, Bischofsmütze, Zucchini)	kleine Kürbisse (weniger als 2,5 cm Durchmesser) ganz lassen, größere Kürbisse längs halbieren	10–15 Minuten
Tomaten	in 1 cm dicke Scheiben schneiden	5 Minuten

Viele meiner liebsten Campinggerichte sind gerade die einfachsten, die nicht viel mehr als das Holzkohlefeuer eines Grills brauchen, um einen wunderbaren Geschmack zu entwickeln. Dieses ist so einfach, wie es nur sein kann. Wenn Sie von einer morgendlichen Wanderung hungrig nach Hause kommen und keinen großen Küchenaufwand betreiben wollen, legen Sie ein paar Sachen auf den heißen Grill, rühren Sie aus zwei Zutaten ein Dressing zusammen und lehnen Sie sich zurück, um Ihre neueste Gipfeleroberung zu feiern. Jede Räucherwurst kann für dieses Rezept genommen werden, aber eine scharfe, kräftig geräucherte Schweinswurst passt besonders gut zu dem süß-pikanten Dressing.

GRILLWURST MIT PAPRIKA UND ZWIEBEL

ERGIBT 4 PORTIONEN

60 ml heller Balsamico-Essig

2 EL flüssiger Honig

4 Räucherwürste, längs halbiert (ca. 340 g)

3 große Paprikaschoten, entkernt und längs halbiert

1 große rote Zwiebel, längs halbiert

Den Grill auf mittlere Temperatur erhitzen.

In einer kleinen Schüssel Essig und Honig verrühren und beiseite stellen.

Würste, Paprikaschoten und Zwiebel auf den Grill legen und auf jeder Seite etwa 5 Minuten garen, bis die Würste erhitzt und das Gemüse gegart, aber noch bissfest ist.

Paprikaschoten und Zwiebel längs in Streifen schneiden, dann Gemüse und Würste auf vier Teller aufteilen. Vorm Servieren mit der Vinaigrette beträufeln.

 **VARIANTE**

Servieren Sie das Gegrillte auf einem Bett aus jungem Blattgemüse – durch die Wärme von Wurst und Gemüse fallen die Blättchen schön zusammen. Oder Sie legen noch ein paar Scheiben gebuttertes Brot auf den Grill und essen es dazu. (Vielleicht mit einer Kräuterbutter, siehe Seite 161.)

Salatschälchen gehören zu den Dingen, die immer nach etwas Besonderem aussehen, die man in Wirklichkeit aber in der Küche ganz rasch zusammenstellen kann. Hier wird die meiste Arbeit zu Hause erledigt. Zum Dippen und Beträufeln kann man ruhig Fertigsaucen nehmen, da die Füllung aus besten Zutaten besteht. Servieren Sie die Salatschälchen im Camp als Vorspeise, als Salat oder als Hauptgericht – lassen Sie Freunde und Familie ihre Füllung selbst zusammenstellen.

SESAMHUHN IM SALATSCHÄLCHEN

ERGIBT 4 PORTIONEN

450 g Hähnchenschenkel, ohne Haut und Knochen

4 Frühlingszwiebeln, fein gehackt

60 ml Sojasauce

2 EL Reiswein

1 EL Sesamöl

1 EL frisch geriebener Ingwer

2 EL Olivenöl

½ mittelgroße rote Zwiebel, fein gehackt

4 Knoblauchzehen, fein gehackt

3 mittelgroße Champignons, gehackt

1 EL Hoisin-Sauce und etwas zum Servieren (siehe Anmerkung)

1 großer Kopfsalat (340 g)

140 g geröstete Erdnusskerne aus der Dose, gehackt

süße Chilisauce (siehe Anmerkung)

Sriracha

Anmerkung: Hoisin-Sauce und süße Chilisauce bekommen Sie in den meisten großen Supermärkten bei den asiatischen Lebensmitteln.

Zu Hause
Das Hähnchenfleisch in 5 cm große Stücke schneiden und in die Küchenmaschine geben. Fein hacken, wenn nötig zwischendurch Reste an den Seitenwänden nach unten schieben. (Alternativ Hähnchenfleisch im Standmixer zerkleinern.)

Das klein gehackte Hähnchenfleisch in eine große Schüssel füllen. Frühlingszwiebeln, Sojasauce, Reiswein, Essig, Sesamöl und Ingwer zugeben und gut verrühren. Huhn mit der Marinade in einen wiederverschließbaren Gefrierbeutel füllen, Luft hinausdrücken und alles mindestens 1 Stunde (bis zu 24 Stunden) kühl stellen.

Im Camp
Eine große Pfanne bei mittlerer Temperatur erhitzen und das Olivenöl hineingeben. Pfanne schwenken. Zwiebel und Knoblauch etwa 2–3 Minuten anschwitzen, bis die Zwiebel glasig zu werden beginnt. Champignons und Hoisin-Sauce einrühren und etwa 2 Minuten garen, bis die Pilze weich sind. Hähnchenfleisch darin 5–8 Minuten unter gelegentlichem Rühren braten, bis es goldbraun ist.

Die Blätter des Kopfsalats abtrennen. Die Hähnchenmischung gleichmäßig auf die Blätter verteilen und die Erdnusskerne darüberstreuen. Beim Servieren zum Beträufeln oder Dippen Hoisin-Sauce, süße Chilisauce und Sriracha auf den Tisch stellen.

Haben Sie keine Lust mehr auf Puten-Käse-Sandwiches? Dann sind diese armenisch inspirierten Windrad-Picknick-Wraps, in den USA bekannt als Aram Sandwich oder Hye Rollers (»Hye« ist das armenische Wort für armenisch), die Antwort auf die unvermeidliche Frage »Was gibt's zu Mittag?«, wenn die Truppe von einem Vormittag am See ins Camp zurückkommt. Die farbenfrohen Rollen gefallen Kindern und Erwachsenen, zudem sind sie ein toller Party-Snack oder ein Imbiss für unterwegs. Sie können die Wraps mit verschiedenen Fleisch- und Gemüsesorten füllen oder auch statt Frischkäse zum Beispiel Pesto, Hummus oder Aioli (Seite 91) nehmen.

WINDRAD-PICKNICK-WRAPS

ERGIBT 4 WRAPS

225 g weicher Frischkäse

2 Frühlingszwiebeln, in dünne Ringe geschnitten

4 Blätter Lavash-Brot (à 20 x 25 cm groß, siehe Anmerkung)

225 g geräucherte Putenbrust, dünn geschnitten

65 g Babyspinat

2 mittelgroße Tomaten, in dünne Scheiben geschnitten

1 mittelgroße Gurke, in dünne Scheiben geschnitten

In einer kleinen Schüssel Frischkäse und Frühlingszwiebeln verrühren.

Jedes Blatt Lavash-Brot auf die Arbeitsfläche legen, die lange Seite horizontal ausgerichtet. ¼ des Frischkäses gleichmäßig darauf verstreichen. An dem Rand, der einem am nächsten liegt, beginnen und ¼ der Putenbrust in einem Streifen längs darauf anordnen, dann darüber ¼ des Spinats, dann ¼ der Tomaten und zum Schluss ¼ der Gurke. (Wenn man die Zutaten auf diese Art arrangiert anstatt sie aufeinanderzulegen, sieht man danach in jeder Rolle des Windrads eine andere Farbe, was sehr schön aussieht. Wenn Sie die Zutaten aber wie beim Sandwich aufeinanderlegen wollen, geht das natürlich auch.) Nun das Lavash-Brot von sich weg zu einer langen, festen Rolle aufrollen. Den Brotrand mit etwas Frischkäse bestreichen, damit die Rolle besser zusammenhält. Die anderen Zutaten ebenso aufbrauchen.

Zum Servieren jede Rolle in der Mitte durchschneiden (oder auch in kürzere Stücke, wenn man Fingerfood daraus macht).

Anmerkung: Lavash ist ein traditionelles, armenisches Brot, das nach kurzer Zeit trocken wird. Um es wieder anzufeuchten, schlägt man es einfach in ein angefeuchtetes Geschirrtuch ein. Heute verkaufen viele Spezialläden aber auch Brote, die weich, dünn und biegsam sind und direkt für Wraps verwendet werden können. Wenn Sie kein Lavash finden, können Sie stattdessen ein anderes weiches Fladenbrot oder Weizenmehl-Tortillas nehmen.

Wenn Sie ein schnelles und doch sättigendes Gericht brauchen, aber den Herd nicht anheizen wollen, sind diese mediterran inspirierten Wraps genau das Richtige. Sie sind mit einer Handvoll bereits fertiger Zutaten gefüllt, die Sie leicht in einem Laden auf dem Weg zu Ihrem Campingplatz kaufen können. So machen die Wraps keine Mühe, sind aber super lecker. Und sie lassen sich gut transportieren – machen Sie einen Stapel davon vor einer Wanderung, wickeln Sie sie fest in Frischhaltefolie und genießen Sie sie dann am Aussichtspunkt.

MEDITERRANE HUMMUS-WRAPS MIT GERÖSTETER PAPRIKA, ARTISCHOCKEN UND FETA

ERGIBT 4 WRAPS

4 Tortilla-Fladen,
25 cm Durchmesser

(alternativ Spinat-Tortilla-Fladen)

125 g fertig gekaufter Hummus

65 g Babyspinat

¼ kleine rote Zwiebel, in Scheiben geschnitten

85 g Feta, in Scheiben geschnitten

6 marinierte Artischockenherzen, geviertelt

2 marinierte geräucherte rote Paprikaschoten, in Scheiben geschnitten

heller Balsamico-Essig

Auf jede Tortilla in die Mitte die gleiche Menge Hummus streichen, dann darauf den Spinat, die Zwiebel, den Feta, die Artischockenherzen und die Paprikaschoten legen. Zum Schluss noch etwas Essig darüberträufeln. Die Seiten der Tortilla nach oben und über die Füllung klappen, dann die Tortilla aufrollen. Einmal durchschneiden und servieren.

Wenn Sie Sandwiches für mehrere Leute machen wollen, beeindrucken Sie Ihre hungrigen Campingfreunde mit mehreren italienischen Aufschnitt-Sorten auf einem ganzen Brot. Lassen Sie sich nicht von der langen Zutatenliste abschrecken; Sie machen nicht einfach ein Sandwich, Sie bauen eins. Beginnen Sie mit einem guten Brot und hochwertigem Aufschnitt, dann ist der Rest eine Kleinigkeit. Sie mögen es pikant? Probieren Sie Soppressata-Wurst. Sie lieben frische Kräuter? Geben Sie noch ein paar Handvoll Basilikum in das Brot.

GEGRILLTES BROT MIT CAPOCOLLO, SALAMI, SCHINKEN UND PROVOLONE-KÄSE

ERGIBT 4 PORTIONEN

1 mittelgroße Paprikaschote, entkernt und längs halbiert

1 ganzes italienisches Brot (ca. 35 cm lang)

75 g Pesto-Aioli (Seite 91)

85 g dünn geschnittener Provolone-Käse

85 g dünn geschnittene Capocollo-Wurst (siehe Anmerkung)

85 g dünn geschnittene Genoa-Salami (siehe Anmerkung)

85 g dünn geschnittener Schinken (siehe Anmerkung)

2 mittelgroße Tomaten, in dünne Scheiben geschnitten

¼ kleine rote Zwiebel, in dünne Scheiben geschnitten

Olivenöl, Rotweinessig

Pfeffer

getrockneter Oregano

Den Grill auf mittlere Temperatur erhitzen.

Paprikahälften etwa 4 Minuten grillen, bis sie bissfest sind und auf beiden Seiten Grillstreifen haben, dabei einmal umdrehen. Auf ein Schneidebrett legen und in lange, dünne Streifen schneiden.

Das Brot waagerecht aufschneiden und die Hälften mit der Schnittfläche nach oben auf die Arbeitsfläche legen. Die untere Hälfte gleichmäßig mit der Aioli bestreichen, darauf den Käse verteilen und darauf die Capocollo-Wurst, die Salami, den Schinken, die Tomaten, die Paprikahälfte und die Zwiebel legen. Mit etwas Öl und Essig beträufeln, mit je 1 kräftigen Prise Pfeffer und Oregano würzen und mit der anderen Brothälfte bedecken.

Das Brot fest in Alufolie wickeln. Etwa 5–10 Minuten grillen, bis es geröstet und erhitzt ist, dabei häufig wenden. Das fertige Brot in Viertel schneiden und warm servieren.

Anmerkung: Italienischen Aufschnitt kauft man am besten frisch auf einem Markt oder im italienischen Laden. Lassen Sie sich dort das Fleisch gleich in dünne Scheiben schneiden. Wenn Sie den Aufschnitt in einem gut sortierten Supermarkt kaufen, finden Sie abgepacktes, schon geschnittenes geräuchertes Fleisch bei den Delikatesswaren. Capocollo wird manchmal auch als Coppa oder Capicola bezeichnet.

Aioli

Aioli – der Name bedeutet »Öl und Knoblauch« – ist eine cremige Würzsauce aus der südfranzösischen Provence. Normalerweise wird sie komplett selbst gemacht, indem man Knoblauch in Olivenöl, Eigelb, Zitronensaft und Senf einrührt. Mit fertig gekaufter Mayonnaise lässt sich auch ganz einfach eine eigene Aioli machen. Streichen Sie sie auf Burger und Sandwiches oder nehmen Sie sie als Dip für gegrilltes Gemüse und gegrillte Meeresfrüchte. Diese Aioli hält sich auch länger im Kühlschrank als die von Grund auf selbst gemachte.

Die Aioli aus gekaufter Mayonnaise kann man zwar auch leicht im Camp zubereiten, aber am besten macht man sie zu Hause und stellt sie eine Nacht kalt, damit sich die Aromen besser entwickeln können.

ERGIBT 225 G

225 g Mayonnaise
2 Knoblauchzehen,
klein gehackt
1 EL Zitronensaft
½ TL Salz

Für das Grundrezept alle Zutaten in einer kleinen Schüssel sehr gut verrühren. In einer gut schließenden Dose mit Deckel füllen und bis zu 2 Wochen kühl stellen.

Varianten

Kräuter-Aioli: 25 g frisch gehackte Kräuter hinzufügen (zum Beispiel Basilikum, Koriander, Petersilie, Thymian, Oregano und/oder Schnittlauch).

Dijon-Aioli: 2 EL Dijon-Senf einrühren.

Pesto-Aioli: 2 EL selbst gemachtes oder gekauftes Pesto hinzufügen.

Meerrettich-Aioli: 2 EL Meerrettich aus dem Glas zufügen.

Chipotle-Aioli: 2 klein gehackte Chipotle-Chilis in Adobo-Sauce unterrühren.

Sriracha-Aioli: 2 EL Sriracha dazugeben.

Jedes Jahr im September während der Weinernte gibt es in Mittelitalien in den Bäckereien schiacciata all'uva, ein traditionelles italienisches Fladenbrot (bei uns als Focaccia bekannt), das mit Rosmarin gewürzt und mit süßen, reifen Weintrauben belegt ist. Die meisten von uns haben wohl nicht das Glück, um diese Zeit in die Toskana fahren zu können, lassen wir uns also wenigstens davon inspirieren und bereiten aus gekauften Pita-Broten, roten Weintrauben und zwei würzigen, schmelzenden Käsen eine Abwandlung davon zu. Wenn Sie noch mehr Weintrauben haben, legen Sie auch diese auf den Grill; durch die Hitze entwickeln sie eine sirupartige Süße, die sie perfekt macht, um sie mit Käse, Salami oder ganz allein zu genießen. (Für dieses Rezept brauchen Sie einen Grill mit Deckel.)

GEGRILLTE PITA-PIZZA MIT WEINTRAUBEN UND GORGONZOLA

ERGIBT 4 PIZZEN

1 große Rispe kernlose rote Weintrauben (ca. 225 g)

Olivenölspray

4 Pita-Brote

115 g Gorgonzola, zerkrümelt

55 g Fontina-Käse, geraspelt

½ TL frisch gehackte Rosmarinnadeln

55 g Walnusskerne, gehackt

Einen Grill für mittlere Temperatur vorbereiten.

Die Weintrauben mit Öl einsprühen und auf den Grill legen. Dann 4–6 Minuten grillen, bis die Trauben weich und rundherum angesengt sind, dabei die Trauben ab und zu umdrehen. Auf ein Schneidebrett legen und die größeren Trauben halbieren.

Die Pitas auf beiden Seiten leicht mit Öl einsprühen. Jede Pita mit der gleichen Menge Gorgonzola, Fontina, Rosmarin, Walnusskernen und Trauben belegen.

Die kleinen Pizzen auf den Grill legen, den Grill zudecken und die Pizzen 5–7 Minuten grillen, bis der Käse geschmolzen und das Brot kross und gebräunt ist.

 ## CLEVER

Frischer Rosmarin gibt den Pizzen ein apartes Aroma, lassen Sie ihn daher nicht weg. Verwenden Sie einen Rosmarinrest für die Mit Kräutern gefüllte Forelle in Bacon (Seite 103), die Scharfe Kräuter-Nussmischung (Seite 109) oder das Gegrillte Marktgemüse mit Kräutertoast (Seite 79).

Machen Sie Ihr Fladenbrot selbst

Wussten Sie, dass Sie im Camp ganz leicht und schnell Ihr Pita-Brot selbst machen können? Für diese weichen Fladenbrote brauchen Sie nur Pizzateig und eine heiße Pfanne.

ERGIBT 8 PITAS

450 g selbst gemachter
Pizzateig (Seite 146)

Olivenölspray

Gekühlten Pizzateig herausnehmen und auf etwa 20 °C erwärmen lassen.

Inzwischen ein Stück quadratische Alufolie mit Öl einsprühen und mit der eingeölten Seite nach oben auf die Arbeitsfläche legen. Ein weiteres Stück Folie mit Öl einsprühen und beiseite legen.

Den Teig in acht gleich große Stücke teilen. Jedes Stück erst zu einer glatten Kugel formen und dann zu einem flachen Kreis drücken. Diesen auf die eingeölte Alufolie legen und die zweite Alufolie mit der eingeölten Seite nach unten darauflegen. Scheibe mithilfe einer Flasche auf 3–6 mm Dicke und einen Durchmesser von 18–20 cm ausrollen. Eventuell die Alufolie noch einmal einsprühen, damit der Teig nicht daran kleben bleibt.

Eine große Pfanne bei mittlerer Temperatur erhitzen. Nacheinander je 1 Pita hineinlegen und etwa 30 Minuten braten, bis sich auf der Oberfläche Blasen bilden. Umdrehen und noch etwa 1 Minute braten, bis an der Unterseite braune Flecken erscheinen. Erneut umdrehen und etwa 1 Minute braten, bis die Pita aufgegangen und rundum knusprig ist.

Wenn die Pitas nicht gleich serviert werden, können sie in einem wiederverschließbaren Gefrierbeutel bis zu 3 Tage aufbewahrt werden. Vor der Verwendung kann man sie wieder in einer Pfanne anwärmen.

Diese Tacos nenne ich scherzhaft Bánh-mì-Tacos – Bánh mì ist eine vietnamesische Sandwich-Spezialität. Ich wuchs mit der klassischen vietnamesischen Kultur auf und erinnere mich gerne, wie meine Mutter viele Jahre jeden Morgen ein Bánh mì in meine Lunchbox packte. Später, während meiner College-Jahre, wurde es für mich zu einer Mission, ein ebenso schmackhaftes, saftiges und knuspriges Bánh mì zu finden, wie es mir aus meiner Kindheit in Erinnerung war. Jetzt lebe ich in Kalifornien, wo die vietnamesische Küche weitverbreitet ist. Hier wird Bánh mì mit einer anderen regionalen Tradition verbunden: mit mexikanischem Essen. Diese Tacos sind ein beliebtes vietnamesisches und mexikanisches Streetfood, und die Füllung aus gewürztem, gegrilltem Schweinefleisch, knackigen süßen Pickles, Koriander, Gurke und Chilis wird auch Sie garantiert zu einem Anhänger dieser kulinarische Kombination machen.

TACOS MIT KAROTTEN-DAIKON-PICKLES

ERGIBT 4 PORTIONEN

FÜR DIE PICKLES

115 g Karotten, in 5 cm lange Stäbchen geschnitten (siehe Anmerkung)

115 g Daikon, in 5 cm lange Stäbchen geschnitten (siehe Anmerkung)

1 TL Salz

160 ml heller Essig

160 ml Wasser

2 EL Zucker

Anmerkung: Pickles mit Karotten und Daikon können Sie auch fertig im Glas als Do Chua im Asialaden kaufen. Wenn Sie sie selbst zubereiten wollen, finden Sie in den meisten Asialäden auch Daikon-Meerrettich.

Zu Hause

Bereiten Sie die Pickles mindestens einen Tag vor dem Servieren zu. Karotten und Daikon mit dem Salz in einem Abtropfsieb etwa 30 Minuten in das Spülbecken stellen. Ab und zu schütteln, damit so viel Flüssigkeit wie möglich austritt.

Inzwischen Essig, Wasser und Zucker in einer kleinen Schüssel verrühren, bis der Zucker aufgelöst ist.

Karotten und Daikon unter fließendem Wasser abspülen, um überschüssiges Salz zu entfernen, dann in ein verschließbares Glas füllen. Die Essigmischung darübergießen und alles mindestens 1 Tag (bis zu 2 Wochen) kühl stellen.

Um das Schweinefleisch zu marinieren, Öl, Zucker, Fischsauce, Pfeffer, Schalotten und Knoblauch in einer großen Schüssel verrühren. Schweinefleisch hinzugeben und vermischen, sodass es ganz von der Marinade bedeckt ist. Fleisch mit der Marinade in einen wiederverschließbaren Gefrierbeutel füllen, Luft hinausdrücken und das Fleisch mindestens 2 Stunden (bis zu 24 Stunden) kühl stellen.

FORTSETZUNG DES REZEPTS NÄCHSTE SEITE

FÜR DAS SCHWEINEFLEISCH

60 ml geröstetes Sesamöl

50 g Zucker

2 EL Fischsauce

1 EL frisch gemahlener schwarzer Pfeffer

2 mittelgroße Schalotten, klein gehackt

4 Knoblauchzehen, klein gehackt

680 g Schweineschulter, in 2 cm breite, dünne Streifen geschnitten (siehe Anmerkung)

FÜR DIE TACOS

12 Tortillas mit 12 cm Durchmesser, angewärmt

1 Bund Koriander, frisch gehackt

1 mittelgroße Gurke, in 7 cm lange Streifen geschnitten

3 Jalapeño- oder Serrano-Chilischoten, in feine Streifen geschnitten

Mayonnaise oder Sriracha-Aioli (Seite 91)

Im Camp

Einen Grill auf mittlere Temperatur erhitzen.

Das Schweinefleisch auf Spieße stecken und 6–8 Minuten grillen, bis es ganz angeröstet und karamellisiert ist, dabei häufig wenden. Fleisch auf ein Schneidebrett legen und in mundgerechte Stücke schneiden.

Bauen Sie eine Taco-Bar auf und stellen Sie das Fleisch, die Pickles, die Tortillas, den Koriander, die Gurke, die Chilischoten und die Mayonnaise auf einen Tisch. So können Ihre Gäste ihre Tacos selbst zusammenstellen.

Anmerkung: Wenn Sie es schwierig finden, die Schweineschulter in Scheiben zu schneiden, frieren Sie sie kurz an, damit das Fleisch fester wird. Sie können auch Ihren Metzger bitten, Ihnen das Fleisch in 6 mm dicke Scheiben zu schneiden.

KÜCHENTRICK

Rohes Fleisch auf einem mit Alufolie belegten Schneidebrett zum Grill tragen. Dann die Folie entsorgen: So haben Sie ein sauberes Brett, um darauf ohne Mehr-Abwasch das gegarte Fleisch zu schneiden.

Gegrillte, gewürzte Garnelen sind eine leichtere, aber nicht minder köstliche Alternative zu üppigeren Füllungen mit Fleisch. Zudem sind der geröstete Mais und die Tomaten-Salsa eine pfiffige Variante für das Camp (oder auch für zu Hause – wer sagt, dass Sie dies nicht für die ganze Familie machen können?). So oder so, weil jeder hübsch angerichtete Tacos liebt, arrangieren Sie alle Zutaten, sobald die Spieße vom Grill kommen, und fügen Sie noch dies und das hinzu, was Sie gerade dahaben (zum Beispiel Avocado-Scheiben, Sauerrahm oder Crema Mexicana, eine scharfe Sauce) und lassen Sie die Familie oder Freunde loslegen. Dazu passt dann hervorragend ein kühles Bier (das ist sicher im Vorrat?).

TACOS MIT GEGRILLTEN GARNELEN, MAIS UND TOMATEN-SALSA

ERGIBT 4 PORTIONEN

FÜR DIE TACOS

800 g Garnelen, geschält und ohne Darm

2 EL Olivenöl

4 TL mexikanische Gewürzmischung (siehe Seite 175)

12 Tortillas mit 12 cm Durchmesser, angewärmt

2 mittelgroße unbehandelte Limetten, in Spalten geschnitten

Zu Hause

Garnelen zum Marinieren mit Öl und der Gewürzmischung in eine große Schüssel geben und gut durchrühren, damit alle Garnelen von der Marinade überzogen sind. In einen wiederverschließbaren Gefrierbeutel füllen, die Luft hinausdrücken und die Garnelen mindestens 1 Stunde (bis zu 24 Stunden) gekühlt marinieren.

FORTSETZUNG DES REZEPTS NÄCHSTE SEITE

FÜR DIE SALSA

2 Maiskolben, ohne Blätter

2 mittelgroße Tomaten, klein gehackt

½ mittelgroße Zwiebel, klein gehackt

1 Jalapeño-Chilischote, fein gehackt

3 Knoblauchzehen, fein gehackt

1 Handvoll Korianderblätter, frisch gehackt

Saft von 2 mittelgroßen Limetten

Salz

frisch gemahlener schwarzer Pfeffer

Im Camp

Den Grill auf hohe Temperatur erhitzen.

Für die Salsa die Maiskolben auf den Grill legen und 6–8 Minuten grillen, bis sie zart und rundum geröstet sind, dabei alle 2 Minuten wenden. Auf ein Schneidebrett legen und etwas abkühlen lassen. Dann die Maiskörner mit einem Messer ablösen.

In einer Servierschüssel Maiskörner, Tomaten, Zwiebel, Jalapeño, Knoblauch, Koriander und Limettensaft verrühren. Mit Salz und Pfeffer abschmecken.

Die Garnelen auf Spieße stecken und etwa 5 Minuten grillen, bis sie gut angeröstet sind, dabei einmal wenden. Garnelen in eine Servierschüssel füllen.

Bauen Sie eine Taco-Bar auf, indem Sie die Garnelen, Salsa, Tortillas und Limettenspalten auf einem Tisch arrangieren. Nun können sich Ihre Gäste die Tacos selbst zusammenstellen.

TORTILLA-TIPP

Um Tortillas schnell aufzuwärmen, legen Sie sie auf den Grill und erhitzen jede Seite, bis einzelne Stellen braun werden. Auf ein Stück Alufolie legen und mit einer zweiten Alufolie bedecken. So peu à peu einen Stapel bilden, während man die nächsten Tortillas grillt. Zum Schluss dicht in Folie wickeln, bis sie serviert werden. Alternativ können Sie kleine Stapel von höchstens fünf Tortillas in Folie wickeln und so auf dem Grill ein paar Minuten erwärmen, dabei ab und zu wenden.

CLEVER

Koriander können Sie auch gut für folgende Gerichten verwenden: Gegrillte Guacamole (Seite 106), Mexikanischer Garnelen-Cocktail (Seite 123), Thailändischer Quinoa-Salat mit frischen Kräutern (Seite 75), Taco-Salat mit cremigem Koriander-Limetten-Dressing (Seite 80), Rote-Linsen-Suppe mit Karotten und Kreuzkümmel (Seite 138), Lachs in Folie mit Ananas-Salsa (Seite 101), Kubanischer Reis mit Huhn (Seite 167).

FÜR DIE SALSA

1 kleine Ananas, geschält und in kleine Würfel geschnitten (siehe Anmerkung)

1 Serrano-Chilischote

½ kleine rote Zwiebel, fein gehackt

1 Handvoll Korianderblätter, frisch gehackt

Saft von 1 großen Limette

Salz

frisch gemahlener schwarzer Pfeffer

Anmerkung: Wenn Sie keine ganze Ananas im Camp aufschneiden wollen, nehmen Sie abgepackte, gewürfelte Ananas oder Ananasstücke aus der Dose. Sie brauchen dann etwa 425 g.

FÜR DEN LACHS

Olivenölspray

4 Lachsfilets (à ca. 170 g)

Olivenöl

Salz

frisch gemahlener schwarzer Pfeffer

1 große unbehandelte Limette, in 8 Scheiben geschnitten

Die leichte und säuerliche Ananas-Salsa verleiht dem in Folie gegrillten Lachsfilet ein tropisches Flair, sodass Sie sich wie auf einer Insel in der Südsee fühlen – auch wenn Sie in Ihrem Flanellhemd mitten im Wald sitzen. Auf dem Grill sickern die Säfte in den Fisch ein, deswegen schmeckt jeder Bissen davon nach Sommer. Extra-Bonus: Bei dem Rezept bleibt Salsa übrig, die Sie noch dazu servieren oder für einen späteren Snack aufbewahren können.

LACHS IN FOLIE MIT ANANAS-SALSA

ERGIBT 4 PORTIONEN

Einen Grill auf hohe Temperatur erhitzen.

Für die Salsa in einer großen Schüssel Ananas, Serrano-Chilischote, Zwiebel, Koriander, Limettensaft, Salz und Pfeffer nach Geschmack verrühren. 170 g Salsa für eine andere Verwendung aufbewahren. (Servieren Sie sie mit Chips als späten Nachmittags-Snack!)

Für den Lachs vier Stück Alufolie mit Öl einsprühen. In die Mitte jeweils 1 Lachsfilet legen, mit Öl beträufeln und mit ein paar Prisen Salz und Pfeffer würzen. Jedes Lachsfilet mit 2 Limettenscheiben und ¼ der Salsa bedecken.

Die Ränder der Alufolie über dem belegten Lachsfilet hochklappen und das Päckchen fest verschließen, dabei genug Platz darin lassen, damit Hitze und Dampf zirkulieren können. Dann die Päckchen etwa 15 Minuten grillen, bis der Lachs ganz durchgegart ist und sich mit der Gabel leicht zerteilen lässt.

 CLEVER

Für die Verwendung von frischem Koriander gibt es viele Möglichkeiten: Gegrillte Guacamole (Seite 106), Mexikanischer Garnelen-Cocktail (Seite 123), Mexikanischer Maissalat (Seite 122), Thailändischer Quinoa-Salat mit frischen Kräutern (Seite 75), Taco-Salat mit cremigem Koriander-Limetten-Dressing (Seite 80), Tacos mit gegrillten Garnelen, Mais und Tomaten-Salsa (Seite 98), Rote-Linsen-Suppe mit Karotten und Kreuzkümmel (Seite 138) oder Kubanischer Reis mit Huhn (Seite 167).

BRANDGEFAHR!

Bacon enthält viel Fett, das auf dem Grill zu emporlodernden Flammen führen kann. Achten Sie also auf die Forellen und lagern Sie sie eventuell um, um dies zu vermeiden. Legen Sie bei einem Holzkohlegrill den Fisch erst auf das Gitter, wenn die Flammen erloschen sind. Grillen Sie ihn nicht direkt über der Kohle.

Dies ist ein klassisches Gericht beim Campen, und das aus gutem Grund. Es ist ein kinderleichtes Rezept für den frischen Tagesfang, man muss sich keine Sorgen machen, dass der Fisch auf dem Grill zerfällt und, nun, wer kann schon Nein zu all dem Bacon sagen? Forelle ist typisch, aber das Rezept funktioniert auch mit anderem weißen Fisch, zum Beispiel Adlerfisch, Maifisch, Kohlenfisch, Seebarsch, Merlan und Barsch. Küchengarn hält die Zitronenscheiben und die Frühlingszwiebeln zusammen, aber wenn Sie sie normalerweise nicht mitnehmen, stecken Sie ungewachste Zahnseide in Ihr Campingtäschchen – sie geht zur Not auch und ist ebenfalls gut geeignet, um weichen Käse durchzuschneiden.

MIT KRÄUTERN GEFÜLLTE FORELLE IN BACON

ERGIBT 4 PORTIONEN

4 ganze Forellen (à 340–400 g), Gräten entfernt

Salz

frisch gemahlener schwarzer Pfeffer

Knoblauchpulver

8 Zweige Thymian

4 Zweige Rosmarin

2 große unbehandelte Zitronen, in halbe Scheiben geschnitten

8 Frühlingszwiebeln, geputzt

16–20 Streifen Bacon

Einen Grill auf mittlere Temperatur erhitzen.

Die Forellen innen und außen mit Salz, Pfeffer und Knoblauchpulver würzen. Jede Forelle mit 2 Zweigen Thymian, 1 Zweig Rosmarin und ein paar Zitronenscheiben füllen. Je ¼ der übrigen Zitronenscheiben und 2 Frühlingszwiebeln auf eine Forelle legen. Die Forelle mit Bacon einwickeln, dabei am Schwanz anfangen und das Ende des Bacon-Streifens unter den Streifen selbst stecken, bevor man mit dem nächsten Streifen fortfährt. Pro Fisch braucht man 4 oder 5 Streifen. Mit Küchengarn auf der Forelle fixieren.

Die Forelle 15–20 Minuten grillen, dabei häufig umdrehen, um ein Entflammen zu vermeiden. Sie ist fertig, wenn ein Messer leicht in den dicksten Teil des Fleisches gleiten kann und der Bacon kross ist.

 CLEVER

Wenn Sie noch Thymianzweige übrig haben, können Sie sie in folgenden Gerichten verwenden: Herzhafte Pfannkuchen mit Pilzen, Frühlingszwiebeln und Ziegenkäse (Seite 51), Gegrillte Wassermelone mit Gorgonzola und Pistazien (Seite 133) oder Schweineschulter mit Apfel und Polenta aus dem Dutch Oven (Seite 184). Der Rest vom Rosmarin kann für Gegrillte Pita-Pizza mit Weintrauben und Gorgonzola (Seite 92) benutzt werden.

KLEINE HAPPEN

Snacks für Wanderungen. Etwas Kleines für die Happy Hour.
Eine Knabberei spät nachts. Kleine Happen, mit denen man
bis zur nächsten Mahlzeit durchhält. Man genießt
sie nach der Wanderung oder vor der Siesta
in der Hängematte, an der Küste oder
im Wald. In der Wildnis und in
netter Gesellschaft schmecken sie noch bes-
ser.

Bei Avocado denkt man sicher nicht als Erstes ans Grillen, aber über dem Feuer wird die Frucht rauchig und herzhaft und bekommt fast einen fleischigen Geschmack. Diese unkonventionelle Art der Zubereitung kann eine rohe Avocado in eine ganz besondere Zutat verwandeln, wenn man sie nur ein paar Minuten auf jeder Seite grillt.

GEGRILLTE GUACAMOLE

ERGIBT 450 G

3 kleine Avocados, halbiert, ohne Kern und geschält

½ kleine rote Zwiebel

1 mittelgroße Tomate, fein gehackt

1 Handvoll Korianderblätter, frisch gehackt

½ Jalapeño-Chilischote, fein gehackt

2 Knoblauchzehen, klein gehackt

¼ TL Salz plus etwas zum Abschmecken

Saft von 1 mittelgroßen Limette

Einen Grill auf mittlere Temperatur erhitzen.

Die Avocados und die Zwiebel mit der Schnittseite nach unten auf den Grill legen. Etwa 10 Minuten grillen, bis sie leicht geröstet sind und Grillstreifen haben, dabei einmal umdrehen. Auf ein Schneidebrett legen. Die Zwiebel in kleine Würfel und die Avocados in große Stücke schneiden.

In einer mittelgroßen Schüssel die Avocado mit einer Gabel zerdrücken. Zwiebel, Tomate, Koriander, Jalapeño, Knoblauch, Salz und Limettensaft unterrühren. Mit Salz abschmecken. Warm servieren.

 CLEVER

Lassen Sie den übrig gebliebenen Koriander nicht verderben. Verwenden Sie ihn für folgende Gerichte: Mexikanischer Garnelen-Cocktail (Seite 123), Mexikanischer Maissalat (Seite 122), Thailändischer Quinoa-Salat mit frischen Kräutern (Seite 75), Taco-Salat mit cremigem Koriander-Limetten-Dressing (Seite 80), Tacos mit gegrillten Garnelen, Mais und Tomaten-Salsa (Seite 98), Lachs in Folie mit Ananas-Salsa (Seite 101), Rote-Linsen-Suppe mit Karotten und Kreuzkümmel (Seite 138) oder Kubanischer Reis mit Huhn (Seite 167).

Diese sommerliche Salsa eignet sich nicht nur als Dip für Chips. Die süß-säuerliche Früchtekombination passt gut zu Joghurt, Müsli, Waffeln, Pfannkuchen, Crostini und sogar Schweinekoteletts und Fisch-Tacos. Nehmen Sie für dieses Rezept alle Sorten an Steinobst, die Sie mögen.

PIKANTE STEINOBST-SALSA

ERGIBT 425 G

450 g gemischtes Steinobst, entsteint und klein gewürfelt

½ kleine rote Zwiebel, fein gewürfelt

2 Knoblauchzehen, klein gehackt

1 Handvoll Basilikumblätter, frisch gehackt

abgeriebene Schale und Saft von 1 mittelgroßen unbehandelten Limette

¼ TL Salz plus etwas zum Abschmecken

flüssiger Honig (optional)

Alle Zutaten in einer großen Schüssel vermischen. Mit Salz abschmecken. Nach Belieben vor dem Servieren etwas Honig über die Salsa träufeln.

Nichts schmeckt besser zu einem kalten Bier als diese veredelte Nussmischung, die den Bogen zwischen salzig und süß, würzig und erdig spannt. Diese Nüsse sind ideal für Sommerpartys, aber auch das ganze Jahr über ein Genuss. Ich mag sie besonders als »Gipfel-Snack« – eine kleine Leckerei, die man gemeinsam isst, wenn man am Ende des Weges die Bergspitze erreicht hat. Man kann die Mischung gut im Voraus zubereiten, in einem wiederverschließbaren Gefrierbeutel an einem trockenen, kühlen Ort ist sie ein paar Monate haltbar.

SCHARFE KRÄUTER-NUSSMISCHUNG

ERGIBT 435 G

2 EL Olivenöl

435 gemischte, ungesalzene Nusskerne

1 EL Salz

1 EL Zucker

1 EL frisch gehackter Rosmarin

1 TL frisch gehackter Thymian

¼ TL Cayennepfeffer

Anmerkung: Man kann für dieses Rezept beliebige Nusskerne verwenden, meine liebsten sind Cashew-, Mandel-, Walnuss- und Pekannusskerne

Das Öl in einer großen Pfanne auf mittlere Temperatur erhitzen. Nusskerne hinzugeben und gut verrühren. 3–5 Minuten anrösten, bis die Nüsse dunkler werden und zu duften beginnen. Salz, Zucker, Rosmarin, Thymian und Cayennepfeffer darüberstreuen und gut verrühren. Vor dem Servieren abkühlen lassen.

 ## CLEVER

Die frischen Kräuter passen auch gut zu folgenden Gerichten: Herzhafte Pfannkuchen mit Pilzen, Frühlingszwiebeln und Ziegenkäse (Seite 51), Gegrillte Wassermelone mit Gorgonzola und Pistazien (Seite 133), Gegrillte Pita-Pizza mit Weintrauben und Gorgonzola (Seite 92), Mit Kräutern gefüllte Forelle in Bacon (Seite 103), Knoblauch-Kräuterbutter (Seite 161) oder Gegrilltes Marktgemüse mit Kräutertoast (Seite 79).

PEPPEN SIE IHR STUDENTENFUTTER AUF

Studentenfutter war schon immer ein schneller und einfacher Snack, der auf Wanderungen beliebt war. Nur besteht er heute nicht mehr hauptsächlich aus Rosinen und Nüssen, sondern ist zu einem Gourmet-Snack geworden, der einem hilft, anstrengende Tage und lange Autofahrten zu überstehen. Zwar gibt es inzwischen viele unterschiedliche Mischungen, aber mehr Spaß macht es, seine eigene zusammenzustellen. Experimentieren Sie also, wenn Sie einen gut sortierten Supermarkt in der Nähe haben.

Kandierter Ingwer
Ingwer ist ein Naturmittel, um Höhenkrankheit und Reisekrankheit zu lindern, aber puren Ingwer mag nicht jeder. In kandiertem Ingwer balanciert der Zucker dessen Schärfe aus, daher ist er eine gute Zutat für Ihre Wandermischung, wenn Sie anfällig für Übelkeit sind.

Kerne
Wenn Sie allergisch gegen Nüsse sind oder einfach noch mehr Nährstoffe in Ihrem Mix haben möchten, sind Kerne eine gute Idee, da sie viel Eiweiß enthalten. Probieren Sie geröstete Wassermelonenkerne (ein beliebter asiatischer Snack, den Sie in vielen Asialäden finden) und geröstete Kürbiskerne.

Getrocknete Früchte
Vor allem Rosinen und getrocknete Cranberrys sind in der Abteilung für getrocknete Früchte anzutreffen, doch es gibt noch viel mehr Möglichkeiten. Probieren Sie auch mal Sauerkirschen, Goji-Beeren, Blaubeeren, Feigen, Ananasstücke, Bananen-Chips, Kochbananen-Chips, Mango- oder Papayascheiben.

Getrocknete Hülsenfrüchte, Nüsse und Körner
Lassen Sie es scharf angehen mit Wasabi-Erbsen und gerösteten Wasabi-Edamame. Oder wagen Sie sich an gewürzte Nussarten, wie zum Beispiel Balsamico-Mandeln, Tamari-Mandeln und Cajun-Erdnüsse. Gerösteter Mais fügt der Mischung eine salzige, angenehme Knusprigkeit hinzu, während süßes oder salziges Popcorn süchtig danach machen kann.

Süsse Sachen
Es gibt zwar Schokolade, aber außerdem auch noch süße Sachen wie in Schokolade gehüllten Ingwer, mit Schokolade überzogene Espressobohnen, Schokoladen-Brezeln, gefüllte Schokokugeln, Schokopralinen mit Erdnussbutter, Kakaonibs und Liebesperlen. Sie können auch mit Joghurt überzogene Rosinen, Erdnussbruch und Mini-Marshmallows probieren. (Okay, die Marshmallows bieten nicht viele Nährstoffe … aber manchmal dient das Studentenfutter ja auch nur als kleine Nascherei. Naschen Sie also!)

»Dukkah« ist eine Gewürzmischung aus gerösteten Nüssen und Samen mit einem angenehmen Aroma. Ursprünglich stammt sie aus Ägypten, erfreut sich aber zur Zeit weltweit wachsender Beliebtheit bei Köchen und Gastro-Fans, die dieses vielseitige Gewürz für alles Mögliche verwenden. Vom Bestreuen von Ofen-Gemüse bis hin zum Verwenden als Kruste für einen gebratenen Lachs gibt es nur wenige Gerichte, bei denen die Mischung nicht zum Einsatz kommen kann. Ich genieße »Dukkah« am liebsten auf die traditionelle Art: Fladenbrotstücke werden zuerst in Olivenöl und dann in Dukkah getaucht. Das hat Suchtpotenzial!

ÄGYPTISCHE GEWÜRZ-MISCHUNG »DUKKAH«

ERGIBT 110 G

75 g ungesalzene, gemischte Nusskerne

35 g Sesamsaat

2 EL Koriandersamen

1 EL Kreuzkümmelsamen

1 TL Fenchelsamen

1 TL schwarze Pfefferkörner

1 TL Salz

natives Olivenöl extra

knuspriges Brot oder geröstetes bzw. gegrilltes Fladenbrot

Zu Hause
Nusskerne und Samen jeweils in einer kleinen Pfanne auf mittlerer Temperatur anrösten, bis sie zu duften beginnen, dabei die Pfanne oft schwenken, damit die Körner auf allen Seiten gleichmäßig rösten. Dann in eine weite, flache Schale füllen und abkühlen lassen.

Alle gerösteten Nusskerne und Samen, die Pfefferkörner und das Salz in einer Küchenmaschine zu einer trockenen, krümeligen Mischung zerkleinern. Die Mischung kann nach Ihrer persönlichen Vorliebe feiner oder gröber gemahlen werden, aber überprüfen Sie den Mahlgrad oft. Wenn Sie zu lange mahlen, wird aus der trockenen Mischung eine Paste. (Alternativ können Sie auch alles in einem Mörser mit dem Stößel zu einer grobkörnigen Mischung zerstoßen.)

»Dukkah« in ein luftdichtes Gefäß umfüllen und an einem trockenen, kühlen Ort bis zu 1 Monat aufbewahren. (Alternativ können Sie »Dukkah« im Kühlschrank lagern, um seine Haltbarkeit zu verlängern.)

Im Camp
»Dukkah« mit einer kleinen Schüssel Olivenöl und gegrilltem oder geröstetem Brot servieren. Jedes Brotstück zuerst in das Öl, dann in das Dukkah tauchen.

Diese Leckerei bieten Sie im Camp an, wenn Ihre Mannschaft großzügig Wein und Whiskey zuspricht, und sonst nur Studentenfutter dazu knabbern würde. Sie mögen aus Emailtassen trinken, aber mit diesen köstlichen Datteln können Sie so tun, als sein Sie in einer angesagten Tapas-Bar. Ein Biss in diese bescheiden anmutenden Häppchen lässt sofort eine überraschende Vielfalt an Aromen und Texturen schmecken, von süß bis herzhaft, von weich bis knusprig. Servieren Sie die Datteln allein oder zusammen mit Käse.

DATTELN IM BACON-MANTEL

ERGIBT 16 DATTELN

16 Medjoul-Datteln, entsteint (siehe Anmerkung)

35 g Mandelkerne

8 Streifen Bacon, halbiert

Anmerkung: Medjoul-Datteln bekommen Sie in den meisten gut sortierten Supermärkten bei Obst und Gemüse. Suchen Sie nach großen, prallen Datteln mit leicht glänzender Haut.

In jede Dattel 2 oder 3 Mandelkerne stecken, dann die Dattel mit einem Baconstreifen umwickeln.

Eine große Pfanne auf mittlere Temperatur erhitzen. Die Datteln nebeneinander hineinlegen, mit dem Ende des Bacons nach unten. Anschließend 8–10 Minuten braten, bis der Bacon rundherum gebräunt und knusprig ist, dabei ab und zu wenden.

Datteln auf mit Küchenpapier ausgelegte Teller legen, damit das Fett abtropfen kann. Zum Servieren einen Zahnstocher in jede Dattel stecken.

Köstliche Mezze-Auswahl

Wenn Ihre Vorstellung von einer guten Mahlzeit ist, viele kleine Dinge zu essen statt eines großen Gerichts, setzen Sie Mezze auf den Speiseplan. Das Wort mezze bedeutet »schmecken« oder »kleiner Snack«, zudem sind Mezze kleine Gefäße mit allen möglichen Snacks. Mezze sind vor allem im östlichen Mittelmeerraum, im Nahen Osten und in der arabischen Küche üblich. Wie Tapas in Spanien werden auch Mezze am Tisch in der Gesellschaft von guten Freunden und gutem Wein genossen.

Mezze werden im Westen oft als Vorspeise angeboten, können aber durchaus eine vollständige Mahlzeit sein. Im Camp können Sie Mezze ganz leicht zusammenstellen: Arrangieren Sie auf einem Tisch eine Mischung aus selbst gemachten und gekauften Kleinigkeiten und machen Sie daraus ein einfaches, lockeres Mittagessen oder ein Abendessen ohne großen Aufwand.

Probieren Sie ein paar der folgenden kleinen Häppchen, von denen sich die meisten leicht selbst herstellen lassen oder in Supermärkten sowie kleinen Delikatessenläden zu bekommen sind.

- Datteln im Bacon-Mantel (Seite 115)

- Ägyptische Gewürzmischung »Dukkah« (Seite 112)

- Naan, Pita oder ein anderes Fladenbrot (Seite 94)

- Olivenöl von guter Qualität

- Hummus

- Baba Ghanoush

- Olivenpaste

- Dolmas (gefüllte Weinblätter)

- grüne und schwarze Oliven

- Gurke, längs in Scheiben geschnitten

- Kirschtomaten

- sonnengetrocknete Tomaten

- marinierte Artischockenherzen

- marinierte, geräucherte rote Paprikaschoten, in Streifen geschnitten

- eingelegte Peppadew-Paprikaschoten

- gerösteter Knoblauch

- Halloumi-Käse, in Scheiben geschnitten und gegrillt

- Feta, in Würfel geschnitten und mit Olivenöl beträufelt

- Labneh (libanesischer Frischkäse aus Joghurt)

- griechischer Joghurt

- Tzatziki

- gepökelte Fleischwaren

- frische Früchte

Schnell und einfach zubereitete Crostini (auf Italienisch »kleine geröstete Brote«) können als Nachmittags-Snack oder als erster Gang beim Abendessen serviert werden. Die dünnen Brote dienen nur als Unterlage für eine weite Palette fantasievoller Toppings, ob Ihnen nun gerade nach süß ist (vielleicht griechischer Joghurt und mit Honig beträufelte Beeren?) oder nach herzhaft (probieren Sie einen pikanten Frischkäse mit Bacon oder Ziegenkäse mit Olivenpaste). Die folgenden zwei Varianten profitieren von reifen Sommerfrüchten und bringen süß und herzhaft zusammen, wenn man sich einfach nicht entscheiden kann. Wenn Sie einen italienischen Laden in der Nähe haben, fragen Sie, ob es frischen Ricotta gibt – Geschmack und Textur sind so viel besser als bei dem Supermarktkäse.

CROSTINI

Crostini mit Feigen, Salami und Ricotta

ERGIBT 12 CROSTINI

12 dünne Scheiben französisches Baguette oder Ciabatta

340 g Ricotta

12 dünne Scheiben Genueser Salami

4 mittelgroße Feigen, geachtelt

heller Balsamico-Essig

frisch gemahlener schwarzer Pfeffer (optional)

In einer großen Pfanne bei mittlerer Temperatur das Brot 2–4 Minuten rösten, bis es auf beiden Seiten knusprig und goldbraun ist, dabei einmal wenden.

Auf jede Brotscheibe 2 EL Ricotta geben, dann mit je 1 Scheibe Salami und 2 oder 3 Feigenspalten belegen und mit Balsamico-Essig beträufeln. Nach Belieben mit Pfeffer bestreuen.

Crostini mit Pfirsich, Schinken und Ricotta

ERGIBT 12 CROSTINI

12 dünne Scheiben französisches Baguette

4 dünne Scheiben roher Schinken

340 g Ricotta

1 großer Pfirsich, entsteint und in dünne Spalten geschnitten

flüssiger Honig

frisch gemahlener schwarzer Pfeffer (optional)

Das Brot in einer großen Pfanne bei mittlerer Temperatur 2-4 Minuten rösten, bis es auf beiden Seiten knusprig und goldbraun ist, dabei einmal wenden.

Den Schinken in kleine Stückchen zupfen. Auf jede Brotscheibe 2 EL Ricotta geben, dann ein paar Stückchen Schinken und 1 oder 2 Pfirsichspalten darauflegen. Etwas Honig darüberträufeln. Nach Wunsch mit Pfeffer würzen.

Wenn ich meine Augen schließe und an den ersten Biss von einem gerösteten, großzügig mit Butter bestrichenen Maiskolben direkt vom Grill denke, habe ich sofort die langen, faulen und geruhsamen Tage an meinen Lieblingsorten vor Augen – sei es in den Bergen, an einem See oder einem Fluss. Bei keinem Campingtrip im Sommer dürfen frische Maiskolben fehlen, die über einem Feuer braten. Und während gebutterte Maiskolben immer gehen, sind diese anderen Varianten für Maiskolben-Toppings eine interessante Abwechslung.

GEGRILLTE MAISKOL-BEN AUF VIER ARTEN

ERGIBT 4 PORTIONEN

FÜR DIE MAISKOLBEN

4 Maiskolben, ohne Blätter

Einen Grill auf hohe Temperatur erhitzen.

Die Maiskolben auf den Grill legen und 6–8 Minuten grillen, bis sie gerade weich und auf allen Seiten gut gebräunt sind, dabei alle 2 Minuten drehen. Mit einem der folgenden Toppings garnieren.

Mexican Street Style

115 g Mayonnaise

55 g Cotija-Käse, zerkrümelt

2 EL Chilipulver

1 Limette, in Spalten geschnitten

Jeden gegrillten Maiskolben mit 1 gehäuften EL Mayonnaise einstreichen, darüber großzügig Cotija-Käse und etwas Chilipulver streuen. Vor dem Servieren über jedem Maiskolben eine Limettenspalte ausdrücken.

Knoblauchbutter und Parmesan

115 g Butter

2 EL frisch gehackte Petersilie

½ TL Knoblauchpulver

50 g Parmesan, gerieben

In einer kleinen Schüssel Butter, Petersilie und Knoblauchpulver gut vermischen. Jeden gegrillten Maiskolben dick mit der Butter bestreichen und darüber großzügig Parmesan streuen.

Dill und Meerrettich

115 g Mayonnaise

2 EL frisch gehackter Dill

2 EL Meerrettich
aus dem Glas

In einer kleinen Schüssel alle Zutaten verrühren, bis sie
sehr gut vermischt sind. Jeden gegrillten Maiskolben
großzügig mit der Mayonnaise-Mischung bestreichen.

Pikante Koriander-Mischung

115 g weiche Butter

2 EL frisch gehackter
Koriander

¼ TL Cayennepfeffer

Saft von 1 mittelgroßen
Limette

In einer kleinen Schüssel alle Zutaten verrühren, bis
sie sehr gut vermischt sind. Jeden gegrillten Maiskolben
großzügig mit der Buttermischung bestreichen.

Wenn Sie keinen Grill haben, um die Maiskolben zu rösten (die man in Mexiko überall auf den Straßen als »elotes« kaufen kann), machen Sie den in Mexiko meist am selben Stand verkauften Maissalat, der dort »esquites« heißt. Er enthält fast die gleichen Zutaten, nur dass die Körner des Maiskolbens abgelöst und in der Pfanne gebraten sind, was ihnen ihr typisches Röstaroma verleiht und dem Salat einen intensiven Geschmack gibt. Das Gericht ist ein sättigender Snack oder auch eine schöne Beilage zu Steak (mit dem Vorteil, dass man nach dem Essen keine Maiskörner aus den Zähnen pulen muss!)

MEXIKANISCHER MAISSALAT

ERGIBT 4 PORTIONEN

2 EL Sonnenblumenöl

4 Maiskolben, ohne Blätter und Körner abgelöst

½ TL Salz

35 g Cotija-Käse, zerkrümelt

20 g Frühlingszwiebeln, in feine Ringe geschnitten

15 g frisch gehackter Koriander

2 EL Mayonnaise oder Crema Mexicana

1 TL Chilipulver

1 Jalapeño-Chilischote, klein gehackt

2 Knoblauchzehen, klein gehackt

Saft von 1 mittelgroßen Limette

Das Öl in einer großen Pfanne bei mittlerer Temperatur erhitzen. Maiskörner und Salz hinzufügen und 2–3 Minuten ohne Umrühren braten, bis die Körner an der Unterseite braun sind. Umrühren und Körner 2–3 Minuten auf der anderen Seite anrösten. Wieder umrühren und etwa 5 Minuten weiterbraten, bis fast alle Körner rundum gebräunt sind. Die Pfanne vom Herd nehmen.

In einer großen Schüssel Cotija-Käse, Frühlingszwiebelringe, Koriander, Mayonnaise, Chilipulver, Jalapeño, Knoblauch und Limettensaft gut verrühren. Die Maiskörner hinzufügen und unterrühren. Noch warm servieren.

 CLEVER

Koriander verleiht vielen Gerichten ein besonderes Aroma, verbrauchen Sie ihn in diesen Rezepten: Gegrillte Guacamole (Seite 106), Mexikanischer Garnelen-Cocktail (Seite 123), Thailändischer Quinoa-Salat mit frischen Kräutern (Seite 75), Taco-Salat mit cremigem Koriander-Limetten-Dressing (Seite 80), Tacos mit gegrillten Garnelen, Mais und Tomaten-Salsa (Seite 98), Lachs in Folie mit Ananas-Salsa (Seite 101), Rote-Linsen-Suppe mit Karotten und Kreuzkümmel (Seite 138) oder Kubanischer Reis mit Huhn (Seite 167).

An einem brütend heißen Sommertag ist dieser würzige und pikante Garnelen-Cocktail genau das Richtige. Servieren Sie ihn in einem Becher, um einen Leckerbissen daraus zu machen, den Sie mitnehmen können, wenn Sie Ihren Stuhl am Flussufer aufstellen, die Füße in das rauschende Wasser hängen lassen und die Nachmittagssonne genießen. Wie wäre es dazu mit einem Drink von Seite 193?

MEXIKANISCHER GARNELEN-COCKTAIL

ERGIBT 4 PORTIONEN

350 ml Clamato Tomaten-Cocktail, gekühlt (siehe Anmerkung)

120 g Ketchup, gekühlt

Saft von 2 mittelgroßen Limetten

2 EL mexikanische scharfe Sauce

½ TL Salz

¼ TL frisch gemahlener schwarzer Pfeffer

450 g gegarte große Garnelen, geschält und ohne Darm

2 mittelgroße Tomaten, gewürfelt

1 mittelgroße Gurke, gewürfelt (etwa 225 g)

½ kleine rote Zwiebel, gewürfelt

1 Jalapeño-Chilischote, klein gehackt

15 g frisch gehackte Korianderblätter

1 kleine Avocado, ohne Kern, geschält und in Scheiben geschnitten

1 mittelgroße Limette, in Spalten geschnitten

Anmerkung: Clamato Tomaten-Cocktail ist eine in den USA gebräuchliche Mischung aus Tomatensaft und Muschelbrühe mit Gewürzen. Man bekommt das Mixgetränk in Läden mit USA-Produkten oder im Internet.

In einer großen Schüssel Tomaten-Cocktail, Ketchup, Limettensaft, scharfe Sauce, Salz und Pfeffer verrühren. Eventuell nachwürzen.

Garnelen, Tomaten, Gurke, Zwiebel, Jalapeño und Koriander einrühren. Zugedeckt mindestens 1 Stunde kühl stellen. Mit Avocadoscheiben und Limettenspalten servieren.

 CLEVER

Kein Problem, den frischen Koriander aufzubrauchen – zum Beispiel in diesen Gerichten: Gegrillte Guacamole (Seite 106), Mexikanischer Maissalat (Seite 122), Thailändischer Quinoa-Salat mit frischen Kräutern (Seite 75), Taco-Salat mit cremigem Koriander-Limetten-Dressing (Seite 80), Tacos mit gegrillten Garnelen, Mais und Tomaten-Salsa (Seite 98), Lachs in Folie mit Ananas-Salsa (Seite 101), Rote-Linsen-Suppe mit Karotten und Kreuzkümmel (Seite 138) oder Kubanischer Reis mit Huhn (Seite 167).

Die Pizza-»Kruste« in diesem Rezept ist fertige Polenta, die man in den USA als Rolle kaufen kann. Sie ist eins meiner liebsten Fertigprodukte im Camp und so viel schneller, als lange in einem Topf mit Polentagrieß zu rühren, bis der Grieß fest wird. Anders als selbst gemachte Polenta sind die Taler von der Fertigrolle hart, was hier von Vorteil ist. Wenn man sie in der Pfanne brät, wird der Boden schön knusprig, während die Innenseite weich und fluffig bleibt. Diese Happen machen satt, ohne dass man ein Völlegefühl hat!

POLENTA-PIZZATALER À LA MARGHERITA

ERGIBT 12 TALER

1 Rolle fertige Polenta, in 12 Scheiben geschnitten

(alternativ siehe Anmerkung)

2 EL Olivenöl

180 ml Pizzasauce ohne Kochen (Seite 147) oder fertig gekaufte Pizzasauce

225 g Mozzarella-Rolle, in 12 Scheiben geschnitten

12 frische Basilikumblätter

2 große Flaschentomaten, in 12 Scheiben geschnitten und abgetropft

Chiliflocken (optional)

Die Polentataler etwa 15 Minuten auf Küchenpapier ausbreiten, damit überschüssige Flüssigkeit abtropft, dann mit Küchenpapier trockentupfen.

Eine große Pfanne auf mittlere Temperatur erhitzen. Das Öl hinzufügen und Pfanne schwenken, damit es sich verteilt. Polenta-Taler einlagig in die Pfanne geben und 6–8 Minuten braten, bis die Ränder knusprig werden und die Böden goldbraun sind.

Polenta-Taler umdrehen und auf jeden Taler 1 EL Sauce, 1 Mozzarella-Scheibe, 1 Basilikumblatt und eine Tomatenscheibe schichten. Pfanne zudecken und die Taler etwa 3–5 Minuten braten, bis der Käse leicht geschmolzen ist.

Nach Belieben Chiliflocken darüberstreuen.

 ## VARIANTE

Probieren Sie auch mal andere Toppings für die Polenta-Taler aus, zum Beispiel Pesto, Barbecue-Sauce, Salami, Oliven, Frühlingszwiebeln, frische oder marinierte Paprikaschoten, Artischockenherzen, gegartes Hähchenfleisch oder geraspelten Cheddar-Käse.

Anmerkung des Verlags: Eine Polentarolle lässt sich ganz einfach selbst herstellen. Kochen Sie dafür am besten vor Ihrem Trip 500 g Maisgrieß in etwa 5 Minuten zu einem festen Polentabrei ein. Formen Sie die leicht abgekühlte Masse zu einer Rolle und wickeln Sie sie in Frischhaltefolie ein. Falls Sie sie gleich am nächsten Tag verwenden wollen, können Sie sie über Nacht in den Kühlschrank legen, ansonsten einfrieren. Vor der Verwendung in Scheiben schneiden.

Stellen Sie sich diesen Salat als den leichteren Cousin des »Caesar Salad« vor, aber mit intensiverem Geschmack. Salat, der leicht angegrillt ist, gegrillte Zitronen und mit Knoblauch angemachte Anchovis ergeben einen herzhaft schmeckenden Salat, der sich nicht mit einer Nebenrolle zufriedengibt. Damit die Salatblätter auf dem Grill tatsächlich rösten und nicht nur gedämpft werden, trocknen Sie sie nach dem Abspülen sehr gut ab. Es soll so wenig Flüssigkeit wie möglich darin bleiben, damit sie knackig bleiben, während sie das rauchige Aroma vom Grill aufsaugen.

GERÖSTETER RÖMER-SALAT MIT ZITRONEN-ANCHOVIS-DRESSING

ERGIBT 4 PORTIONEN

6 Anchovis-Filets in Öl, abgetropft und fein gehackt

2 Knoblauchzehen, klein gehackt

1 TL Dijon-Senf

½ TL Chiliflocken

3 große Römersalatherzen, längs halbiert (etwa 450 g)

2 mittelgroße Zitronen, quer halbiert

120 ml Olivenöl plus etwas zum Beträufeln

geriebener Parmesan

Einen Grill auf hohe Temperatur erhitzen.

In einer kleinen Schüssel Anchovis, Knoblauch, Senf und Chiliflocken zusammen zerdrücken und beiseite stellen.

Den Salat mit ein wenig Öl beträufeln und mit der Schnittfläche nach unten 2–3 Minuten grillen, bis er geröstet ist und schöne Grillstreifen aufweist. Umdrehen und auf der anderen Seite etwa 2 Minuten grillen, bis die äußeren Blätter etwas schlaff und an den Rändern gebräunt sind. Die Zitronenhälften mit den Schnittseiten nach unten 2–3 Minuten grillen, bis sie gebräunt sind.

Die Zitronen in die Schüssel mit den Anchovis ausdrücken. Das Öl unterrühren, bis alles gut vermischt ist.

Den Salat ganz lassen oder nach Belieben ein paarmal durchschneiden. Auf vier Teller verteilen, mit dem Dressing beträufeln und etwas Parmesan darüberstreuen.

Kohl allein ist ein einfaches Gemüse, aber auf dem Grill geröstet kann er zum Star der Mahlzeit aufrücken. Die Blätter werden gerade mal einen Hauch zarter, ohne ihre Knackigkeit zu verlieren, und das scharfe, cremige Dressing passt perfekt zu dem rauchigen Aroma des Kohls. Statt Weißkohl schmeckt auch Rotkohl in diesem Rezept. Und besonders hübsch sieht es aus, wenn beide kombiniert werden. Ober nehmen Sie einen Kopf Radicchio – das würzig-scharfe Dressing mildert dessen Bitterkeit.

GEGRILLTER WEISS-KOHL MIT CREMIGER GORGONZOLA-VINAIGRETTE

ERGIBT 4 PORTIONEN

115 g Mayonnaise

115 g Sauerrahm

55 g Gorgonzola, zerkrümelt

2 EL heller Essig

½ TL Salz

½ TL frisch gemahlener schwarzer Pfeffer

1 kleiner Kohlkopf, in Achtel geschnitten, dabei den Strunk intakt lassen (etwa 680 g)

Olivenölspray

1 mittelgroße Zitrone, quer halbiert

Einen Grill auf hohe Temperatur erhitzen.

In einer kleinen Schüssel Mayonnaise, Sauerrahm, Gorgonzola, Essig, Salz und Pfeffer gut verrühren.

Die Schnittseiten des Kohls mit Öl einsprühen und den Kohl auf jeder Schnittseite 4–5 Minuten grillen (insgesamt 8–10 Minuten), bis die Ränder der Blätter gebräunt sind. Der Kohl sollte leicht zusammenfallen, aber in der Mitte noch knackig sein. Die Zitronenhälften mit den Schnittseiten nach unten 2–3 Minuten grillen, bis sie gebräunt sind.

Die Zitronen in die Schüssel mit der Vinaigrette ausdrücken und alles gut verrühren. Die Kohlspalten ganz lassen oder klein geschnitten mit der darübergeträufelten Vinaigrette servieren.

 **VARIANTE**

Um dem Gericht mehr Farbe, Textur und Geschmack zu verleihen, servieren Sie dünn geschnittene Radieschen, geriebene Karotten oder gegrillte Frühlingszwiebeln zum Kohl.

Bei dieser fruchtigen Abwandlung des klassischen Caprese-Salats werden sommerreife Pfirsiche mit saftigen Tomaten, frischem Mozzarella und aromatischem Balsamico-Essig kombiniert – eine erfrischende Zusammenstellung, die die perfekte Balance zu den rauchigen Fleischstücken vom Grill bietet. Kaufen Sie die schönsten Tomaten und Pfirsiche, die Sie finden können, um den Salat noch farbenfroher zu machen.

PFIRSICH-CAPRESE

ERGIBT 4 PORTIONEN

1 großer Pfirsich, entsteint und in 2 cm dicke Scheiben geschnitten

2 mittelgroße Tomaten, in 2 cm dicke Scheiben geschnitten

115 g Mozzarella, in Scheiben geschnitten

1 Handvoll frische Basilikumblätter

Olivenöl, Balsamico-Essig

Salz, Pfeffer

Auf einem Servierteller den Salat zusammenstellen, indem man abwechselnd Pfirsiche, Tomaten und Mozzarella reihenweise nebeneinander legt. Die Basilikumblätter zwischen Pfirsich und Mozzarella stecken. Großzügig mit Öl und Essig im Verhältnis 2:1 beträufeln. Den Salat nach Geschmack salzen und pfeffern.

 **VARIANTE**

Um dem Pfirsich einen intensiveren und süßeren Geschmack zu verleihen, kann man ihn bei mittlerer Temperatur 2 Minuten auf jeder Seite grillen, bis er leicht gebräunt und karamellisiert ist.

Außerhalb der mexikanischen Küche sind die knackigen Tomatillos nicht sehr gebräuchlich. Sie sind grün, manchmal violett und mit den Tomaten gar nicht verwandt – auch nicht mit den grünen. Den meisten werden sie bisher wahrscheinlich gekocht, gebraten oder gegrillt in Salsa, in Pulled Pork oder in grünem Chili begegnet sein, denn für die rohen, frischen Tomatillos existieren nur wenige Rezepte. Dagegen sind sie in diesem Rezept mit ihrem etwas sauren, fast zitronigen, kiwi-ähnlichen Geschmack der Star des Salats. Der wird sie vielleicht überzeugen, Tomatillos in ihrem puren Zustand zu probieren, wenn Sie das bisher noch nicht getan haben.

SALAT MIT TOMATILLOS UND TOMATEN

ERGIBT 4 PORTIONEN

4 mittelgroße Tomatillos, geschält und in 6 mm breite Spalten geschnitten

225 g Kirschtomaten, halbiert

250 g Erdbeeren, geputzt und halbiert

55 g sonnengetrocknete Tomaten in Öl, abgetropft und klein geschnitten

1 Serrano-Chilischote, klein gehackt

2 EL Olivenöl

1 EL heller Balsamico-Essig

Salz

frisch gemahlener schwarzer Pfeffer

In einer großen Schüssel Tomatillos, Kirschtomaten, Erdbeeren, sonnengetrocknete Tomaten und Serrano-Chilischote mischen.

In einer kleinen Schüssel Öl und Essig verrühren, dann die Mischung über den Salat gießen und den Salat umrühren, damit alles vom Dressing überzogen wird. Mit Salz und Pfeffer nach Geschmack würzen.

NOCH MEHR SÜSSE UND HERZHAFTE VORSCHLÄGE

Auch, wenn es sich merkwürdig anhören mag, Wassermelone und Käse sind ein tolles Duo auf dem Grill – aber auch abseits des Grills. Für andere klassische Kombinationen mischen Sie Wassermelonenwürfel mit zerkrümeltem Feta und Minze oder ersetzen Sie in einem Caprese-Salat die Tomaten durch Wassermelone.

Probieren Sie mal ein Stück Ziegenkäse auf gegrillter Wassermelone mit Scheibchen von eingelegter roter Zwiebel. Oder servieren Sie die Melonenecken direkt vom Grill mit ein wenig aufgestrichenem Mascarpone und einem Spritzer Zitronensaft.

In Zypern wird Wassermelone als Sommersnack oft mit Halloumi serviert. Gegrillt schmeckt dieser halbfeste Käse am besten. Manchmal wird er sogar als Grillkäse bezeichnet, weil er bräunt, bevor er schmilzt.

Als köstliche Vorspeise zu Hause belegen Sie Wassermelonen-Dreiecke mit Gruyère oder Fontina-Käse und legen Sie sie ein paar Minuten unter den Kompaktgrill. Vor dem Servieren mit Kräutern bestreuen.

Ein Berg Wassermelonenstücke an einem heißen Sommertag ist eine gute Sache. Die Wassermelone zu grillen, macht daraus etwas Großartiges. Aber wie macht man etwas Großartiges noch besser? Indem man es mit zerkrümeltem Gorgonzola und knackigen Pistazien bestreut: eine Kombination, die wunderbar zu der vom heißen Grill leicht karamellisierten Wassermelone passt. Wenn Sie zu Hause Ihren eigenen Thymian ziehen oder Bauernmärkte besuchen, nehmen Sie für dieses Rezept Zitronenthymian. Das zitronige Aroma ist eine tolle Ergänzung zu der rauchigen Süße der Wassermelone.

GEGRILLTE WASSERMELONE MIT GORGONZOLA UND PISTAZIEN

ERGIBT 4–6 PORTIONEN

1 kernlose Baby-Wassermelone (2,2 kg), in 2 cm dicke Dreiecke geschnitten

Gorgonzola, zerkrümelt

Pistazienkerne, gehackt

Thymian, frisch gehackt

Einen Grill auf mittlere Temperatur erhitzen.

Wassermelonenstücke auf den Grill legen und je Seite 2–3 Minuten grillen, bis die Oberfläche angeröstet und leicht glänzend ist, das Innere aber noch seinen Biss behält. Mit Gorgonzola, Pistazien und Thymian nach Belieben bestreuen.

 CLEVER

Werfen Sie den Rest Thymian nicht weg! Nehmen Sie ihn für Herzhafte Pfannkuchen mit Pilzen, Frühlingszwiebeln und Ziegenkäse (Seite 51), Mit Kräutern gefüllte Forelle in Bacon (Seite 103) oder die Schweineschulter mit Apfel und Polenta aus dem Dutch Oven (Seite 184).

ABEND-
MAHLZEITEN

Wenn die Sonne über den Baumwipfeln versinkt, das Alpenglühen
auf den Berggipfeln schwindet und am Himmel eine Milliarde
Sterne zu funkeln beginnen, steigen im Camp die ersten
Rauchfähnchen auf. Alle ziehen ihre Stühle heran
und versammeln sich um ein prasselndes
Feuer. Lachen hallt durch den Wald,
Wein wird eingeschenkt und
ein köstlicher Duft nach
Essen erfüllt die
Luft.

FÜR DIE SAUCE

1 EL Olivenöl

½ mittelgroße Zwiebel, klein geschnitten

4 Knoblauchzehen, klein gehackt

5 mittelgroße Tomaten, gewürfelt (etwa 900 g; siehe Anmerkung)

55 g Butter

2 TL getrocknete italienische Kräuter

½ TL Salz

Anmerkung: Keine Lust, im Camp mit frischen Tomaten zu hantieren? Nehmen Sie stattdessen 800 g stückige Tomaten aus der Dose.

FÜR DIE SPIESSE

3 mittelgroße grüne Zucchini, in 1 cm dicke Scheiben geschnitten (ca. 680 g)

3 mittelgroße gelbe Sommerkürbisse, in 1 cm dicke Scheiben geschnitten (etwa 680 g)

2 mittelgroße Auberginen, in 1 cm dicke Scheiben geschnitten (ca. 450 g; siehe Anmerkung)

Olivenölspray

Salz

frisch gemahlener schwarzer Pfeffer

Anmerkung: Versuchen Sie, möglichst längliche, schmale Auberginen zu bekommen. Falls Sie nur dicke Auberginen finden, schneiden Sie sie zurecht, damit sie von der Größe her zum anderen Gemüse passen.

Diese Ratatouille-Spieße sind eine nette Abwandlung des klassischen südfranzösischen Eintopfs. Ihre Zubereitung macht Spaß, und auch die Kinder können helfen, die Spieße vorzubereiten. Damit das Gemüse gleichmäßig grillt – und am Ende gut aussieht – ist es wichtig, dass die Stücke etwa die gleiche Größe haben. Wenn Sie keinen passenden gelben Sommerkürbis finden, nehmen Sie gelbe Zucchini, die meist auch in der Form gleichmäßiger sind.

GEGRILLTE RATATOUILLE-SPIESSE

ERGIBT 4 PORTIONEN

Für die Sauce in einem kleinen Topf bei mittlerer Temperatur das Öl erhitzen. Zwiebel und Knoblauch zufügen und 2–3 Minuten anschwitzen, bis die Zwiebel glasig zu werden beginnt. Tomaten, Butter, italienische Kräuter und Salz einrühren. Unter gelegentlichem Umrühren köcheln lassen, bis die Sauce fertig ist.

Inzwischen einen Grill auf mittlere Temperatur erhitzen.

Für die Spieße Zucchini, Sommerkürbisse und Auberginen auf 4 Spieße stecken, dabei die Farben immer abwechseln. Die Spieße leicht mit Öl einsprühen und mit Salz und Pfeffer würzen. Etwa 20 Minuten grillen, dabei häufig wenden, damit die Spieße von allen Seiten gleichmäßig garen.

Vor dem Servieren die Tomatensauce über die Spieße gießen.

CLEVER

Servieren Sie die Ratatouille-Spieße und die Tomatensauce mit gegrilltem Brot oder auf Pasta. Übriges Gemüse kann kalt auf grünem Salat serviert werden. Und restliche Tomatensauce passt am nächsten Morgen zu Omelett oder Rührei.

Kaltes Wetter und heiße Suppe gehören unbedingt zusammen. so ein Gericht macht man, wenn man im Frühling zum ersten Mal im Jahr auf Tour ist und man mit Stirnlampe über den Campingherd gebeugt seinen eigenen Atem sehen kann. Die gesunde und wärmende Suppe ist genau das, was man nach einem aktiven Tag braucht. Zudem ist sie rasch zubereitet, denn rote Linsen garen schnell.

ROTE-LINSEN-SUPPE MIT KAROTTEN UND KREUZKÜMMEL

ERGIBT 4 PORTIONEN

2 EL Olivenöl

3 Knoblauchzehen, klein gehackt

1 mittelgroße Zwiebel, klein geschnitten

2 mittelgroße Karotten, in Würfel geschnitten

1 Stange Sellerie, in Würfel geschnitten

1 EL Tomatenmark

1 TL Kreuzkümmelpulver

¼ TL Cayennepfeffer

200 g rote Linsen

1,2 l Hühnerbrühe

Saft von 1 Zitrone

1 Handvoll Korianderblätter, frisch gehackt

Das Öl bei mittlerer Temperatur in einem Suppentopf erhitzen und Knoblauch sowie Zwiebel darin 2–3 Minuten anschwitzen, bis die Zwiebel glasig zu werden beginnt. Karotten, Sellerie, Tomatenmark, Kreuzkümmel und Cayennepfeffer dazugeben und etwa 5 Minuten garen, bis das Gemüse bissfest ist, dabei ab und zu umrühren. Linsen und Hühnerbrühe hinzufügen und zum Kochen bringen.

Temperatur herunterschalten und alles noch 15–20 Minuten köcheln lassen, bis die Linsen gar sind. Zitronensaft einrühren und die Suppe vor dem Servieren mit Koriander bestreuen.

 CLEVER

Sie wollen das übrige Tomatenmark nicht mit nach Hause nehmen? Verbrauchen Sie es in One-Pot-Pasta mit Wodka (Seite 176), Scharfes Drei-Bohnen-Chili (Seite 142) oder Lasagne aus dem Dutch Oven (Seite 179). Koriander passt dazu: Gegrillte Guacamole (Seite 106), Mexikanischer Maissalat (Seite 122), Thailändischer Quinoa-Salat mit frischen Kräutern (Seite 75), Taco-Salat mit cremigem Koriander-Limetten-Dressing (Seite 80), Tacos mit gegrillten Garnelen, Mais und Tomaten-Salsa (Seite 98) oder Kubanischer Reis mit Huhn (Seite 167).

Ich liebe die Einfachheit eines guten Bauerneintopfs. Wenn sich der Himmel grau färbt und es über dem Camp bald zu regnen droht, entscheide ich mich genau dafür; ich mache ein gesundes, herzhaftes, wärmendes Eintopfgericht, das fertig ist, wenn die ersten Regentropfen fallen und die Stühle schon unter dem Vorzelt stehen. Von diesem Eintopf mache ich schon seit Jahren immer wieder andere Versionen, mal mit Würsten oder Kartoffeln, mal mit Kohl statt Mangold, aber drei Dinge bleiben immer gleich: eine Geschmacksgrundlage aus Zwiebeln, Karotten und Sellerie, ein paar Handvoll frisches, grünes Gemüse und eine großzügige Menge cremiger Cannellini-Bohnen, etwas zerdrückt, um die Suppe sämiger zu machen.

GRÜNER EINTOPF

ERGIBT 4 PORTIONEN

2 EL Olivenöl

3 Knoblauchzehen, klein gehackt

1 mittelgroße Zwiebel, klein geschnitten

2 mittelgroße Karotten, in Würfel geschnitten

1 Stange Sellerie, in Würfel geschnitten

2 TL getrocknete italienische Kräuter

½ TL Chiliflocken

700 ml Hühnerbrühe

850 g Cannellini-Bohnen aus der Dose, abgebraust und abgetropft (siehe Anmerkung)

400 g stückige Tomaten aus der Dose

110 g Mangold, klein geschnitten

geriebener Parmesan

Das Öl bei mittlerer Temperatur in einem Suppentopf erhitzen und Knoblauch sowie Zwiebel darin 2–3 Minuten anschwitzen, bis die Zwiebel glasig zu werden beginnt. Karotten, Sellerie, italienische getrocknete Kräuter und Chiliflocken dazugeben und etwa 5 Minuten garen, bis das Gemüse gar ist, dabei ab und zu umrühren. Brühe, Bohnen und Tomaten hinzufügen und alles zum Kochen bringen.

Ein Drittel der Bohnen mit einem großen Löffel leicht zerdrücken. Den Mangold einrühren, die Temperatur reduzieren und alles noch 10–15 Minuten köcheln lassen, bis der Mangold gar und der Eintopf sämiger geworden ist.

Vor dem Servieren etwas Parmesan auf den Eintopf streuen.

Anmerkung: Anstatt der Cannellini-Bohnen können auch andere weiße Bohnen genommen werden.

Wie bei anderen Eintöpfen der spanischen Region Katalonien ist auch hier die Grundlage Sofrito, eine dicke Sauce aus Zwiebeln, Paprikaschoten und Tomaten, die der Suppe ihr reiches Aroma verleiht (und auch die Basis für lateinamerikanische Gerichte ist, zum Beispiel für den Kubanischen Reis auf Seite 167). Dieser Eintopf ist perfekt, wenn es kühler wird und ein Topf mit herzhafter, dampfender Suppe genau das ist, was man braucht, um seine Hände zu wärmen und den Hunger nach einer Wanderung zu stillen.

SPANISCHER EINTOPF MIT CHORIZO

ERGIBT 4–6 PORTIONEN

60 ml Olivenöl

4 Knoblauchzehen, klein gehackt

1 mittelgroße Zwiebel, klein geschnitten

1 mittelgroße Paprikaschote, entkernt und klein geschnitten

1 Lorbeerblatt

½ TL getrockneter Thymian

½ TL Salz

800 g passierte Tomaten (aus dem Päckchen)

1,275 kg Kichererbsen aus der Dose, abgebraust und abgetropft

3 kleine spanische Chorizos, in dünne Scheiben geschnitten (ca. 225 g; siehe Anmerkung)

475 ml Hühnerbrühe

100 g Babyspinat

frisch gemahlener schwarzer Pfeffer

Das Öl in einem Suppentopf auf mittlerer Temperatur erhitzen, Knoblauch darin 1–2 Minuten braten, bis er leicht gebräunt ist. Zwiebel, Paprikaschote, Lorbeerblatt, Thymian und Salz dazugeben und etwa 5 Minuten garen, bis die Zwiebel glasig und die Paprikaschote gar ist. Passierte Tomaten zufügen und 5 Minuten köcheln lassen, damit die Aromen sich vermischen. Kichererbsen, Chorizo und Hühnerbrühe hinzufügen und unter gelegentlichem Rühren zum Kochen bringen.

Temperatur reduzieren und den Eintopf etwa 15 Minuten köcheln lassen, bis er dicklich geworden ist. Spinat einrühren und so lange mitgaren, bis er gerade eben zusammenfällt. Mit Pfeffer abschmecken.

Anmerkung: Es gibt harte und weiche spanische Chorizo. In diesem Rezept wird die weiche, halbfermentierte Chorizo verwendet (manchmal auch als »Koch-Chorizo« bezeichnet). Die harte, länger gereifte Chorizo wird normalerweise als Aufschnitt verwendet. Die spanische Variante ist fester und unterscheidet sich auch geschmacklich von der mexikanischen Chorizo: Diese ist eine frische (rohe) Wurst und ihr Brät eher grob. Sie eignet sich nicht als Ersatz für die halbfermentierte Chorizo. Wenn sie jedoch nicht erhältlich ist, können Sie für dieses Rezept auch die härtere, länger gereifte Chorizo verwenden. Spanische Chorizo gibt es in großen Supermärkten oder Feinkostläden.

1 EL Olivenöl

1 mittelgroße Zwiebel, klein geschnitten

3 Knoblauchzehen, klein gehackt

1 mittelgroße Paprikaschote, entkernt und klein gewürfelt

1 Poblano-Chilischote, fein gehackt

1 Anaheim-Chilischote, fein gehackt

1 Jalapeño-Chilischote, fein gehackt

2 Chipotle-Chilischoten aus der Dose in Adobo-Sauce, fein gehackt, plus 2 EL Sauce

2 EL Tomatenmark

1 EL Zucker

1 TL Kreuzkümmelpulver

1 TL getrockneter Oregano

800 g passierte Tomaten (aus dem Päckchen)

475 ml Hühnerbrühe

350 ml Bier

425 g Kidney-Bohnen aus der Dose, abgebraust und abgetropft

425 g schwarze Bohnen aus der Dose, abgebraust und abgetropft

425 g Pinto-Bohnen aus der Dose, abgebraust und abgetropft

Sauerrahm

kräftiger Cheddar-Käse, geraspelt

Frühlingszwiebeln, in dünne Ringe geschnitten

Manche meinen, dass ein Chili ohne Fleisch kein Chili ist (oder auch, dass Chili mit Bohnen schon gar nicht geht), aber dieser Eintopf mit drei Bohnensorten schmeckt intensiv nach Chili. Paprikaschoten und 4 Chilisorten, von süß über rauchig bis hin zu scharf, geben dem Gericht einen so komplexen Geschmack, wie man ihn mit Chilipulver allein nie erhält. Ich füge diesem Rezept kein spezielles Bier dazu, aber es ist wichtig für die Vielschichtigkeit der Brühe. Ihr Lieblingsbier wird damit zur Geheimzutat. Ich mag besonders Stout Bier (vor allem die interessanten Arten wie Coffee Stout oder Chocolate Stout) wegen der intensiven Malzigkeit und Rotbier wegen des Hauchs von Süße, mit dem es die Gewürze ergänzt. Wenn Sie aber helles Bier bevorzugen, gießen Sie es ruhig in den Topf; das herbe Aroma des Hopfens betont die Schärfe der Chilischoten.

SCHARFES DREI-BOHNEN-CHILI

ERGIBT 4 PORTIONEN

Das Öl in einem Suppentopf auf mittlere Temperatur erhitzen, Zwiebel und Knoblauch darin 2–3 Minuten anschwitzen, bis die Zwiebel glasig zu werden beginnt. Paprika, alle Chilischoten, Adobo-Sauce, Tomatenmark, Zucker, Kreuzkümmel und Oregano dazugeben und etwa 5 Minuten garen, bis die Chilischoten bissfest sind und die Mischung zu duften beginnt. Passierte Tomaten, Brühe und Bier zugeben und zum Kochen bringen.

Die Temperatur reduzieren und alles unter gelegentlichem Rühren etwa 20 Minuten köcheln lassen. Alle Bohnen hinzufügen und noch 10 Minuten köcheln lassen, bis die Bohnen erhitzt sind.

Zum Servieren einen Klecks Sauerrahm in die Suppe geben und eine Handvoll Käse und Frühlingszwiebeln darüberstreuen.

 CLEVER

Tomatenmark ist eins der Dinge, die man oft vergisst, wenn man sie teilweise verbraucht hat. Nehmen Sie den Rest für Rote-Linsen-Suppe mit Karotten und Kreuzkümmel (Seite 138), One-Pot-Pasta mit Wodka (Seite 176) oder Lasagne aus dem Dutch Oven (Seite 179).

Haben Sie weder Grill noch Dutch Oven dabei? Kein Problem. Sie können die Pizza auch auf Ihrem Camping-Herd machen. Der Clou bei diesem und auch allen anderen Pizza-Rezepten dieses Buches ist das sogenannte Mise-en-Place – das bedeutet, dass Sie alle Zutaten bereitliegen haben, bevor Sie mit dem Belegen der Pizza beginnen. Das bedeutet, dass dann von Tomatenscheiben bis hin zu Käsestückchen alles für den Belag parat steht, sobald Sie den Teig in der Pfanne umdrehen. So können Sie schnell arbeiten, alles bleibt sauber und der Teig brennt nicht an. Eine gusseiserne Pfanne wäre wegen ihrer wärmespeichernden Eigenschaft ideal, aber jede andere 30-cm-Pfanne mit schwerem Boden geht bei diesem Rezept auch.

PFANNEN-PIZZA MIT FRISCHEM MAIS, TOMATEN, SCHINKEN UND PESTO

ERGIBT 4 PORTIONEN

450 g selbst gemachter Pizzateig (Seite 146) oder gekaufter Pizzateig

Olivenölspray

150 g gekauftes Pesto

2 mittelgroße Tomaten, in Scheiben geschnitten (etwa 225 g)

2 dünne Scheiben Schinken, in Stückchen gezupft

1 Maiskolben, ohne Blätter und Körner abgelöst

55 g Mozzarella, in Stücke gezupft

115 g Ziegenkäse, in Stückchen gezupft

Gekühlten Pizzateig herausnehmen und auf etwa 20 °C erwärmen lassen.

Eine große Pfanne auf mittlere Temperatur erhitzen und leicht mit Öl einsprühen. Den Teig halbieren und jeweils zu einer Kugel formen. Eine Kugel flach drücken und zu einem 25 cm großen Kreis auseinanderziehen. Den Teig in die Pfanne legen und 1–2 Minuten braten, bis sich an der Oberfläche Blasen bilden und der Boden goldbraun ist. Die Oberfläche leicht mit Öl besprühen und den Pizzaboden wenden.

FORTSETZUNG DES REZEPTS NÄCHSTE SEITE

Nun schnell arbeiten und den Boden mit der Hälfte des Pestos gleichmäßig bestreichen, dann jeweils die Hälfte der Tomaten, des Schinkens, der Maiskörner, des Mozzarellas und des Ziegenkäses darauf verteilen. Die Temperatur auf mittel zurückschalten, Pfanne zudecken und die Pizza 3–5 Minuten braten, bis der Boden kross und gebräunt, der Mozzarella geschmolzen und alle Zutaten erhitzt sind. Wenn der Boden schnell bräunt, der Käse aber noch nicht schmilzt, die Temperatur weiter herunterschalten, um ein Anbrennen zu vermeiden.

Mit übrigem Teig und restlichen Zutaten ebenso verfahren.

✦ VARIANTE ✦

Für eine gelungene Pfannen-Pizza (und eine gegrillte Pizza, Seite 149) ist es wichtig, dass die Zutaten des Belags vorher ganz gegart sind oder gar nicht gegart werden müssen. Braten, dämpfen oder grillen Sie sie vorher, da die Wärme vom Herd oder Grill nur noch dazu dient, den Käse zu schmelzen und den Belag zu erwärmen. Gut geeignet für den Pizzabelag sind also Salami (natürlich!), übrig gebliebenes gebratenes Steak oder Huhn, sonnengetrocknete Tomaten, angeschwitzte Zwiebeln, gedünstete Pilze, gegrillter Sommerkürbis, roher Spinat, rohe Avocado, rohe Paprikaschoten, marinierte, geröstete, rote Paprikaschoten und marinierte Artischockenherzen.

Selbst gemachter Pizzateig

Lassen Sie den Fertig-Pizzateig links liegen – selbst gemachte Pizza macht weniger Arbeit, als Sie denken. Dieser einfache Pizzateig hat genau die richtige Konsistenz und Knusprigkeit, ob Sie nun dünne Pizza vorziehen, einen dicken Teig oder irgendetwas dazwischen. Man kann sie im Backofen machen, in der Pfanne, auf dem Grill oder sogar im Dutch Oven. Sie brauchen also immer nur dieses eine Pizzarezept. Der Teig lässt sich auch gut einfrieren und mitnehmen.

Dieses Rezept kann für Pizza (Seiten 143, 149 und 177) und Fladenbrot (Seite 94) sowie für Knabbergebäck und Calzone verwendet werden.

ERGIBT 450 G

240 ml warmes Wasser (etwa 40 °C)

1 TL Trockenhefe

1 TL Zucker

1 TL Salz

2 EL Olivenöl plus etwas zum Einfetten

300 g Weizenmehl Type 405

Anmerkung: Wenn Sie oft kleinere Pizzen für sich alleine machen, halbieren Sie den Teig praktischerweise am besten vor dem Einfrieren und frieren Sie die Teigkugeln separat ein.

Eine mittelgroße Schüssel dünn einfetten und beiseite stellen.

In einer anderen mittelgroßen Schüssel Wasser, Hefe, Zucker und Salz mit einem großen Löffel verrühren (die Zutaten müssen nicht aufgelöst sein). Öl und Mehl dazugeben und alles sehr gut vermischen.

Den Teig mit der Hand 3–5 Minuten kneten, bis er geschmeidig ist. Dann zu einer Kugel formen und dünn mit Öl bestreichen. In die gefettete Schüssel legen und diese mit Frischhaltefolie abdecken. Bei etwa 20 °C 1–1½ Stunden gehen lassen, bis der Teig sein Volumen verdoppelt hat.

Teig aus der Schüssel nehmen, wieder zu einer Kugel formen und eng in Frischhaltefolie wickeln. Der Teig hält sich gekühlt bis zu 3 Tage, in einem Tiefkühlbeutel im Tiefkühlfach bis zu 1 Monat. Vor der Verwendung über Nacht im Kühlschrank (oder einer Kühlbox) auftauen lassen.

Pizzasauce ohne Kochen

Bei vielen Rezepten für Pizzasauce wird die Sauce auf dem Herd eingekocht, aber das Geheimnis dieser selbst gemachten Sauce ist, dass die Zutaten nicht gekocht werden. Alles wird im Mixer kurz püriert und im Kühlschrank aufbewahrt, sodass die Pizza die ganze Frische und den Geschmack der saftigen, reifen Tomaten bekommt. Nehmen Sie diese Sauce für Gegrillte Pizza Primavera (Seite 149), Soppressata-Fenchel-Pizza aus dem Dutch Oven (Seite 177) oder Ihre Lieblings-Pizza.

ERGIBT 475-585 ML

4 mittelgroße Flaschentomaten, geviertelt (450 g)

170 g Tomatenmark

4 Knoblauchzehen

2 EL Olivenöl

2 TL getrocknete italienische Kräuter

1 TL Zucker

1 TL Salz

1 TL frisch gemahlener schwarzer Pfeffer

Alle Zutaten in einem Mixer oder einer Küchenmaschine zu einer glatten Sauce pürieren. Sauce in eine Dose mit Deckel umfüllen und kühl stellen. So hält sie sich bis zu 1 Woche. Tiefgefroren ist sie bis zu 3 Monate haltbar.

 ## DA LÄUFT NICHTS AUS

Flüssige Lebensmittel transportiere ich gerne in einer Nalgene-Flasche. Diese BPA-freien Flaschen sind auslaufsicher und ziemlich robust, sodass sie im Camp etwas aushalten können. Sie sind ideal, um Saucen, Marinaden, Brühe und Suppen darin aufzubewahren, und wenn Sie sie vor dem Campingtrip einfrieren, dienen sie sogar als Kühlelemente.

Wie das Pastagericht, von dem diese Pizza inspiriert ist, wird sie mit viel frischem Frühlingsgemüse belegt. Wenn das Gemüse reif gepflückt und bald gegessen wird, braucht es nicht mehr als den Kuss des Grills, um seine Süße noch zu verstärken. Das ist genau die Pizza für das erste Zusammentreffen beim Campen, wenn es wieder warm und alles grün wird und Ihr liebster Campingplatz öffnet. Packen Sie einen tragbaren Grill mit Deckel ein – den brauchen Sie, damit der Käse schön schmilzt, während der Boden knusprig wird.

GEGRILLTE PIZZA PRIMAVERA

ERGIBT 2 PORTIONEN

450 g selbst gemachter Pizzateig (Seite 146) oder gekaufter Pizzateig

6 mittelgroße Stangen grüner Spargel, geputzt (ca. 115 g)

115 g Brokkoli

4 Frühlingszwiebeln

Olivenölspray

120 ml Pizzasauce ohne Kochen (Seite 147) oder gekaufte Pizzasauce

115 g Mozzarella, zerpflückt

35 g grüne Erbsen, gepalt (oder TK)

25 g Parmesan, gerieben

Anmerkung: Eine Metallzange ist ideal, um die Pizza hochzuheben und zu überprüfen, ob der Boden schon durchgebacken ist.

Gekühlten Pizzateig herausnehmen und auf etwa 20 °C erwärmen lassen. Einen Grill auf hohe Temperatur erhitzen.

Spargel, Brokkoli und Frühlingszwiebeln dünn mit Öl besprühen. Das Gemüse 3–5 Minuten grillen, bis es gar und rundherum angeröstet ist, dabei häufig umdrehen. Dann auf einem Schneidebrett in mundgerechte Stücke schneiden. Gemüse neben dem Grill stehen lassen, damit das Belegen nachher schnell geht.

Pizzateig halbieren und jede Hälfte zu einer glatten Kugel formen. 1 Teigkugel flach drücken, zu einem 20 cm großen Kreis auseinanderziehen. Dünn mit Öl einsprühen, Teig mit der eingeölten Seite nach unten auf die direkte Hitze legen. Grill schließen und die Pizza etwa 2 Minuten grillen, bis der Boden leicht gebräunt ist und schöne Grillstreifen aufweist, während die Oberseite kaum gegart ist. Oberseite mit Öl einsprühen und den Pizzaboden wenden.

Nun rasch nacheinander jeweils die Hälfte der Sauce, des Mozzarellas, des gegrillten Gemüses und der Erbsen darauf verteilen. Die Hälfte des Parmesans darüberstreuen, dann den Grill zudecken und die Pizza noch 3–5 Minuten grillen, bis der Boden knusprig und gebräunt ist und der Käse geschmolzen.

Ab und zu überprüfen, ob der Boden anbrennt. Falls nötig, die Temperatur reduzieren. Den Vorgang für die zweite Pizza wiederholen.

WERKZEUGTIPP

Fisch mit einem Pfannenwender oder einer Zange umzudrehen, wenn er noch nicht gar ist, lässt ihn leicht zerreißen. So bleibt die Haut intakt: Mit den Zinken einer Bratengabel durch die Gräten bis unter den Fisch stechen. Versuchen Sie nun sanft, den Fisch hochzuheben. Wenn Sie einen Widerstand spüren, grillen Sie ihn etwas länger. Ist er durchgegart, lässt er sich leicht lösen. Dann hochheben und mit der noch nicht gegrillten Seite auf einen Pfannenwender legen, Fisch wieder auf den Grill geben und zu Ende grillen.

Gemeinsam geteiltes Essen mag ich besonders, vor allem beim Campen, wenn eine lockere Atmosphäre herrscht und viel geredet wird. Wenn man einen Roten Schnapper auf diese Art serviert, kann sich jeder etwas von dem Fisch nehmen, es werden Teller herumgereicht, so bleibt alles in Bewegung und wird auch vertrauter. Ich löse am Ende gern die Fischbäckchen heraus und biete sie meinen Gästen an. Fischbäckchen sind eine Delikatesse, die häufig weggeworfen wird. Sie schmecken zart und buttrig, fast wie Muschelfleisch.

GEGRILLTER ROTER SCHNAPPER MIT CHERMOULA

ERGIBT 4 PORTIONEN

1 ganzer Roter Schnapper, ca. 1 ½ kg, gesäubert und geschuppt

350 ml Chermoula (Seite 164 f.)

Salz

frisch gemahlener schwarzer Pfeffer

3 mittelgroße unbehandelte Zitronen, in Scheiben

240 ml Hühnerbrühe

175 g Instant-Couscous

Den Fisch auf etwa 20 °C erwärmen lassen.

Inzwischen den Grill auf mittlere Temperatur erhitzen. Von der Chermoula 240 ml zum Servieren aufheben.

Den Fisch mit Küchenpapier trockentupfen, dann auf jeder Seite ein paar Mal bis fast zur Mittelgräte einschneiden. Den Fisch innen und außen gut mit der restlichen Chermoula (110 ml) einreiben, diese dabei gut in die Kerben hineindrücken. Fisch leicht salzen und pfeffern. Scheiben von 1 Zitrone in das Fischinnere schieben.

Den Fisch auf den Grill legen und unter einmaligem Wenden etwa 20 Minuten grillen, bis sich das Fleisch leicht lösen lässt und das Fleisch nahe der Mittelgräte undurchsichtig, aber noch nicht trocken ist. Der Fisch gart noch 1–2 Minuten nach, wenn er vom Grill genommen wurde, überprüfen Sie ihn also schon nach 15–18 Minuten Garzeit und nehmen Sie ihn vom Grill, wenn er fast durchgegart ist.

Inzwischen die Brühe in einem kleinen Topf zum Kochen bringen. Topf herunternehmen und den Couscous einrühren. Zugedeckt etwa 10 Minuten stehen lassen, bis alle Flüssigkeit aufgesogen ist. Couscous mit einer Gabel auflockern.

Den Fisch auf ein Schneidebrett oder eine Platte legen und mit Couscous, der übrigen Chermoula (240 ml) und den restlichen Zitronenscheiben servieren.

3 EINFACHE SCHRITTE, DAMIT NICHTS AM GRILL KLEBEN BLEIBT

Aufheizen: Von einem glühend heißen Grill lassen sich Essensreste leichter lösen.
Säubern: Den heißen Grill gründlich abkratzen und die verbrannten Reste ins Feuer fallen lassen.
Einölen: Den heißen Grill dünn mit Öl besprühen.

Die Essensreste kleben noch immer fest? Drehen Sie das Grillgut nicht zu früh um – Fleisch und Gemüse lösen sich ganz einfach, wenn sie auf einer Seite gut angeröstet sind. Weitere Tipps zum Umgang mit dem Grill siehe Seite 25.

Zu den schönsten Dingen im Sommer gehört für mich, die Wochenenden beim Campen an der Küste zu verbringen: die langen Faulenzertage, der Nervenkitzel, in eiskalte Wellen zu springen und sich wieder wie ein Kind zu fühlen, die prasselnden Lagerfeuer und die darin gegarten einfachen, köstlichen Mahlzeiten. Wenn die Zutaten der Saison frisch und reif gepflückt sind, braucht es nichts weiter für den wunderbar intensiven Geschmack dieser Päckchen mit Sommergemüse und Lachs.

SOMMERGEMÜSE UND LACHS IN ALUFOLIE

ERGIBT 4 PORTIONEN

Olivenölspray

4 Lachsfilets (à ca. 170 g)

300 g Kirschtomaten, halbiert

2 mittelgroße Schalotten, in Streifen geschnitten

1 mittelgroße Zucchini, in Scheiben geschnitten

1 mittelgroße Paprikaschote, entkernt und gewürfelt

4 Knoblauchzehen, klein gehackt

heller Balsamico-Essig

Salz

frisch gemahlener schwarzer Pfeffer

1 Handvoll Basilikumblätter, in dünne Streifen geschnitten

Den Grill auf hohe Temperatur erhitzen.

Vier Stücke Alufolie mit Öl einsprühen. Jeweils 1 Lachsfilet darauflegen, dann auf jedes Filet jeweils ¼ der Tomaten, Schalotten, Zucchini, Paprikaschoten und des Knoblauchs aufschichten. Mit Essig beträufeln und mit je 1 guten Prise Salz und Pfeffer würzen.

Die Seiten der Folie nach oben klappen, dann die Ränder oben fest verschließen, dabei innen genug Platz lassen, damit Hitze und Dampf zirkulieren können. Das Päckchen etwa 15 Minuten grillen, bis das Fleisch gar und das Gemüse zart ist. Vor dem Servieren mit Basilikum garnieren.

Hier veredeln Zitrone und Dill mit ihrer würzigen Frische den Geschmack eines einfachen Fischgerichts in Alufolie – ganz stressfrei. Wenn Sie bisher gegen die Zubereitung von Fisch waren, weil Sie die Sorge hatten, dass er am Grill kleben bleibt oder entweder zu lange oder zu kurz gart, dann werden Folienpäckchen zu Ihrer bevorzugten Grilltechnik im Camp und auch zu Hause werden. Es ist eine meiner Lieblingsarten für die Zubereitung von Fisch; in seinem eigenen Saft wird er nicht trocken, und es besteht keine Gefahr, nachher die Hälfte des Fischs vom Grill abkratzen zu müssen. Ich nehme gern Heilbutt, aber Sie können bei diesem Rezept jeden anderen Fisch mit festem Fleisch nehmen, zum Beispiel Kabeljau, Wolfsbarsch oder Schnapper.

HEILBUTT MIT DILL-COUSCOUS IN FOLIE

ERGIBT 4 PORTIONEN

2 große unbehandelte Zitronen

360 ml Hühnerbrühe

175 g Couscous

1 TL getrockneter Dill

Olivenölspray

16 mittelgroße Stangen Spargel, geputzt und halbiert (etwa 450 g)

4 Heilbutt-Filets

55 g Butter, in Flöckchen

Salz

frisch gemahlener schwarzer Pfeffer

Anmerkung: Couscous ist mittlerweile in jedem gut sortierten Supermarkt zu finden.

Einen Grill auf hohe Temperatur erhitzen.

Eine der Zitronen quer in 8 Scheiben schneiden. In einer mittelgroßen Schüssel 240 ml der Brühe mit dem Couscous, dem Saft der zweiten Zitrone und dem Dill verrühren.

Vier Stücke Alufolie mit Öl einsprühen und alle Seiten hochklappen, um ein Schälchen zu formen. ¼ der Couscous-Mischung zusammen mit der Flüssigkeit in die Mitte jedes Alu-Schälchens setzen. Darauf je 8 Spargelhälften, 1 Heilbutt-Filet, ein paar Butterflöckchen, je 1 kräftige Prise Salz und Pfeffer sowie 2 Zitronenscheiben geben.

Nun noch jeweils 30 ml Brühe in die Schälchen gießen. Dann die Folie oben sehr gut verschließen, dabei innen genug Platz zum Zirkulieren von Hitze und Dampf lassen. Die Päckchen etwa 15 Minuten grillen, bis der Heilbutt durchgegart und der Couscous und der Spargel zart sind.

Als Küstenbewohnerin liebe ich Meeresfrüchte-Gerichte. Bei meinem Fischhändler bekomme ich einen Berg dampfender und scharf gewürzter Meeresfrüchte mit Beilage auf dicker Zeitungsunterlage serviert, komplett mit einem Plastiklätzchen, dazu knuspriges Brot und mehrere scharfe Saucen zur Auswahl. Dieses Alupäckchen-Rezept ahmt das im Camp nach, allerdings ohne den großen Topf, das große Küchenchaos und die gierigen Pelikane, die über Ihrem Tisch schweben! (Es sei denn, Sie campen am Meer!) Servieren Sie die Folienpäckchen mit gegrillten Brotscheiben zum Auftunken des buttrigen Safts.

MEERESFRÜCHTE-TOPF IN ALUFOLIE

ERGIBT 4 PORTIONEN

Olivenölspray

1 große unbehandelte Zitrone, quer in 8 Scheiben geschnitten

16 Garnelen, geschält und ohne Darm (ca. 340 g)

8 Jakobsmuscheln (ca. 225 g)

2 Maiskolben, in Viertel geschnitten

8 neue Kartoffeln, in Hälften oder Viertel geschnitten

ca. 250 g Andouille-Wurst, in 5 mm dicke Scheiben geschnitten

240 ml Bier, trockener Weißwein oder Hühnerbrühe

55 g Butter, in Flöckchen

1 EL Gewürzmischung »Old Bay Seasoning«

Einen Grill auf hohe Temperatur erhitzen.

Vier Stücke Alufolie dünn mit Öl einsprühen. In die Mitte je ¼ der Zitrone, Garnelen, Muscheln, Maisstücke, Kartoffeln und der Wurst anrichten, dann alle vier Seiten der Folie hochklappen und so ein Schälchen formen.

In jedes Päckchen 60 ml Bier gießen, dann ein paar Butterflöckchen dazugeben und alles mit der Gewürzmischung bestreuen. Die Folie oben sehr gut verschließen, dabei innen genug Platz zum Zirkulieren von Hitze und Dampf lassen. Die Päckchen etwa 15 Minuten grillen, bis die Meeresfrüchte durchgegart und das Gemüse zart ist.

 **VARIANTE**

Muscheln und Fisch eignen sich für diese Folienpäckchen gleich gut, mischen Sie also so viele Sorten Meeresfrüchte zusammen, wie Sie mögen; sie brauchen genauso lange zum Garen wie die Garnelen und die Jakobsmuscheln.

Dieses Rezept enthält sehr viel Knoblauch – und das muss auch so sein bei einem Gericht, das an Gambas al Ajillo (Knoblauch-Garnelen) erinnert, eine meiner liebsten spanischen Tapas. Der Geschmack ist kräftig, aber die Zubereitung einfach, sodass es sich sehr gut für ein größeres Camping-Festmahl eignet (vor allem, da Sie auch noch Wein zur Mahlzeit übrig haben). Orzo ist optional – ich mag eine stärkehaltige Beilage, um die Tomatensauce aufzusaugen. Sie können stattdessen auch Couscous nehmen oder knuspriges Brot.

KNOBLAUCH-GARNELEN MIT TOMATEN UND ORZO

ERGIBT 4 PORTIONEN

FÜR DIE ORZO-NUDELN

275 ml Hühnerbrühe

210 g Orzo (reisförmige Nudeln, auch als Kritharaki oder Risoni bekannt)

1 EL Butter

FÜR DIE GARNELEN

120 ml Olivenöl

8 Knoblauchzehen, in dünne Scheibchen geschnitten

300 g Kirschtomaten, halbiert

½ TL Salz

½ TL Chiliflocken

240 ml trockener Weißwein

565 g Garnelen, geschält und ohne Darm

1 Handvoll Petersilie, frisch gehackt

Für die Orzo-Nudeln die Brühe in einem kleinen Topf zum Kochen bringen. Orzo hinzugeben und etwa 10 Minuten köcheln lassen, bis die Flüssigkeit ganz aufgenommen und die Nudeln weich sind, dabei gelegentlich umrühren. (Wenn die Orzo-Nudeln alle Flüssigkeit aufgenommen haben, aber noch zu hart sind, etwas Wasser hinzufügen und ein paar Minuten länger köcheln lassen.) Topf vom Herd nehmen, die Butter einrühren und die Orzo-Nudeln warm stellen.

Inzwischen für die Garnelen das Öl in einer großen Pfanne auf mittlerer Temperatur erhitzen. Knoblauch hinzufügen und 1–2 Minuten braten, bis er zu duften beginnt. Tomaten, Salz und Chiliflocken dazugeben und unter gelegentlichem Umrühren 3–4 Minuten garen, bis die Tomaten weich sind. Den Wein angießen und die Mischung zum Kochen bringen. Temperatur reduzieren und köcheln lassen, bis die Flüssigkeit fast um die Hälfte reduziert ist. Garnelen hinzugeben und 2–3 Minuten mitgaren, bis ihr Fleisch sich orange verfärbt.

Garnelen und Tomaten auf einem Bett aus Orzo anrichten und mit Petersilie bestreut servieren.

 ## CLEVER

Übrige Petersilie verwenden Sie am besten für: Gegrillte Maiskolben auf vier Arten (Seite 120), One-Pot-Pasta mit Wodka (Seite 176) oder Lasagne aus dem Dutch Oven (Seite 179).

Skirt Steak (auch Kronfleisch oder Saumfleisch genannt) ist das ideale Stück vom Rind für den Grill. Es ist lang, dünn, sehr geschmacksintensiv und gut geeignet für hohe Temperaturen – perfekt für ein schnelles Gericht im Camp. Seine Reichhaltigkeit und Festigkeit wird hier durch die Süße und Zartheit von Baby Pak Choi ausbalanciert. Das Steak gart genauso schnell wie das Gemüse: Wenn alles zugleich auf den Grill passt, ist Ihr Abendessen in weniger als 15 Minuten fertig.

GEGRILLTES SKIRT STEAK UND BABY PAK CHOI MIT INGWER-SOJA-SAUCEN-BUTTER

ERGIBT 4 PORTIONEN

680 g Skirt Steak, halbiert (siehe Anmerkung)

Salz

frisch gemahlener schwarzer Pfeffer

8 kleine Köpfe Baby Pak Choi, längs halbiert (ca. 680 g)

Olivenölspray

Ingwer-Sojasaucen-Butter (Seite 161)

Anmerkung: Wenn Sie kein Skirt Steak bekommen, ist Flank Steak (Flankensteak) eine gute Alternative. Es ist meist etwas dicker als Skirt Steak, daher braucht es 1 oder 2 Minuten mehr Grillzeit.

Einen Grill auf mittlere Temperatur erhitzen.

Das Steak großzügig mit Salz und Pfeffer würzen, auf den heißesten Teil des Grills legen und auf jeder Seite 2–3 Minuten grillen, bis es schön gebräunt und medium gar ist. Auf ein Schneidebrett legen und 10 Minuten ruhen lassen.

Inzwischen den Pak Choi dünn mit Öl einsprühen und mit Salz und Pfeffer würzen. Unter gelegentlichem Wenden 8–10 Minuten grillen, bis das Gemüse bissfest ist und schöne Grillstreifen aufweist.

Das Fleisch quer zur Faser in dünne Scheiben schneiden. Steak und Pak Choi mit ein paar Flöckchen der Ingwer-Sojasaucen-Butter belegt servieren.

Aromatisierte Butter

Für einen Camping-Koch ist aromatisierte Butter (Butter mit Kräutern und/oder Gewürzen) eine der nützlichsten und schmackhaftesten Toppings für gegrilltes Fleisch, Fisch, Muscheln und Gemüse. Die Kombination aus Fett, Kräutern und Gewürzen veredelt jede Mahlzeit und erweckt den Anschein, als hätten Sie mehr Zeit darauf verwendet, als Sie tatsächlich haben. Aromatisierte Butter kann einfach auf das fertige Essen gegeben werden, wo sie sofort schmilzt und ihren Geschmack entfaltet – oder sie kann als Basis für Saucen verwendet werden. Bewahren Sie sie im Tiefkühlfach auf, so haben sie immer eine tolle Garnierung oder eine fertige Sauce bereit.

JEDES REZEPT AUF SEITE 161 ERGIBT ETWA 115 G

Zubereitung

In einer kleinen Schüssel alle Zutaten zusammenrühren, bis sie sehr gut vermischt sind. Die Buttermischung auf ein Stück Frischhaltefolie oder Backpapier geben und zu einer Rolle mit einem Durchmesser von etwa 4 cm formen. Die Folie oder das Papier um die Rolle wickeln und die Enden zusammendrehen. Die Butter hält sich gekühlt bis zu 1 Woche. (Sie können sie auch einfrieren und dann je nach Bedarf Scheiben davon abschneiden, tiefgekühlt hält sie sich bis zu 6 Monate.)

Anmerkung: Ich nehme für all diese Rezepte gesalzene Butter, wenn Sie also ungesalzene Butter haben, fügen Sie nach Geschmack noch Salz hinzu.

Knoblauch-Kräuterbutter

Diese frisch schmeckende und vielseitige Butter macht mehr aus Omeletts, Pasta, Kartoffeln und allen Arten Fleisch, Geflügel, Fisch und Muscheln. Bewahren Sie für alle Fälle immer eine Rolle im Tiefkühlfach auf.

115 g weiche Butter

25 g fein gehackte frische Kräuter
(zum Beispiel Basilikum, Koriander, Petersilie, Thymian, Oregano und/oder Schnittlauch)

4 Knoblauchzehen, fein gehackt

½ TL frisch gemahlener schwarzer Pfeffer

Estragon-Butter

Der besonders ausgeprägte Geschmack von Estragon macht ihn gut geeignet für Meeresfrüchte, vor allem gebratenen Fisch und gegrillte Jakobsmuscheln sowie Frühlingsgemüse wie zum Beispiel Spargel, Erbsen, Karotten und Blumenkohl.

115 g weiche Butter

2 EL frischer Estragon, fein gehackt

1 TL Schnittlauchröllchen

Saft von ½ mittelgroßen Zitrone

Tomaten-Basilikum-Butter

Diese Butter mit ihren würzigen, herzhaften und erdigen Geschmacksnoten passt wunderbar zu Pasta, Maiskolben, gegrilltem Brot und gegrillten Gemüsespießen.

115 g weiche Butter

45 g sonnengetrocknete Tomaten in Öl, fein gehackt

2 EL Basilikum, fein gehackt

2 Knoblauchzehen, klein gehackt

Ingwer-Sojasaucen-Butter

Legen Sie ein Stück von dieser Butter mit Umami-Geschmack auf das Skirt Steak (Seite 159) und anderes gegrilltes Fleisch und Geflügel. Oder genießen Sie die Butter mit Pilzen, Wurzelgemüse, asiatischem Gemüse und asiatisch inspirierten Suppen oder Nudelgerichten.

115 g weiche Butter

60 ml Sojasauce

1 EL Ingwer, frisch gerieben

2 Knoblauchzehen, klein gehackt

Saft von ½ mittelgroßen Zitrone

Gorgonzola-Butter

Diese reichhaltige und cremige Butter passt perfekt zu Backkartoffeln, Skirt Steak, Flank Steak, Lammkoteletts und anderem Fleisch mit intensivem Geschmack.

115 g weiche Butter

55 g Gorgonzola, zerkrümelt

2 Frühlingszwiebeln, fein gehackt

Honig-Butter

Aromatisierte Butter muss nicht immer herzhaft sein – eine süße Butter wie diese macht aus gewöhnlichem Toast, normalen Keksen und Croissants etwas Besonderes, worauf Sie sich am Morgen freuen können.

115 g weiche Butter

2 EL flüssiger Honig

¼ TL Zimtpulver

Salat können Sie morgen essen – heute sind Fleisch und Kartoffeln dran! Wickeln Sie ein paar Kartöffelchen in Folie, legen Sie ein Steak auf den Grill und öffnen Sie ein paar gekühlte Getränke, während Sie sich in Ihren Campingstuhl fallen lassen. Dieses Abendessen macht keine Umstände, da die Fingerling-Kartoffeln allein garen und das Steak im Nu fertig ist. Für einen Extra-Kick geben Sie vor dem Servieren noch großzügig würziges Chimichurri mit vielen Kräutern und viel Knoblauch darüber. Wenn Chimichurri übrig bleibt, geben Sie es am nächsten Morgen über Ihr Eifrühstück.

GEGRILLTES FLANK STEAK UND FINGER-LING-KARTOFFELN MIT CHIMICHURRI

ERGIBT 4 PORTIONEN

Olivenölspray

20 Fingerling-Kartoffeln (etwa 680 g)

4 mittelgroße Schalotten, in feine Ringe geschnitten

Salz

frisch gemahlener schwarzer Pfeffer

680 g Flank Steak, halbiert

Chimichurri (Seite 164 f.)

Einen Grill auf hohe Temperatur erhitzen.

Vier Stücke Alufolie mit Öl einsprühen. Jeweils in die Mitte eine gleich große Portion Kartoffeln und Schalotten geben, mit etwas Öl besprühen sowie mit je 1 kräftigen Prise Salz und Pfeffer würzen. Die Seiten der Folie nach oben klappen, um ein Päckchen zu formen, dabei oben gut verschließen. Im Inneren Platz lassen, damit der Dampf und die Hitze zirkulieren können. Die Päckchen etwa 20 Minuten grillen, bis die Kartoffeln gar sind.

Inzwischen das Steak großzügig mit Salz und Pfeffer würzen. Das Steak auf die heißeste Stelle des Grills legen und auf jeder Seite 2–3 Minuten grillen, bis es gut gebräunt und medium gar ist. Das Steak auf ein Schneidebrett legen und 10 Minuten ruhen lassen.

Das Steak quer zur Faser in dünne Scheiben schneiden. Vor dem Servieren eine gute Portion Chimichurri auf dem Steak und den Kartoffeln anrichten.

CHIMICHURRI UND CHERMOULA

Wenn ich überlege, wie ich einer Mahlzeit etwas mehr Pfiff verleihen kann, greife ich normalerweise zu einer dieser Saucen. Obwohl sie aus zwei ganz verschiedenen Teilen der Welt kommen – Chimichurri (rechts) ist eine traditionelle Würzsauce aus Argentinien, während Chermoula (links) ein Grundnahrungsmittel Nordafrikas ist – gibt es aufgrund ihrer Vielseitigkeit, ihres Geschmacks und ihrer leichten Zubereitung inzwischen zahllose abgewandelte Rezepte in der ganzen Welt. Mit einem Glas davon im Camp haben Sie immer etwas dabei, womit Sie Ihr Abendessen noch aufpeppen können.

Chimichurri

Scharf, würzig und mit viel Knoblauch scheint Chimichurri geradezu erfunden worden sein für das rauchige, herzhafte Fleisch eines Grillfeuers im Camp. Etwas davon über gegrilltem Steak und Kartoffeln (Seite 162) ist meine liebste Verwendung dafür. Aber auch Fisch, Gemüse, Eiern und Salaten gibt es einen besonderen Kick.

ERGIBT 475 ML

100 g Petersilie, fein gehackt	1 ½ EL Chiliflocken
3 EL klein gehackte Knoblauchzehen	240–300 ml Olivenöl
3 EL frisch gehackter Oregano	60 ml Rotweinessig

Alle Zutaten in einer kleinen Schüssel verrühren, bis sie gut vermischt sind. Für eine stückigere Konsistenz weniger Öl verwenden oder mehr Öl für eine flüssigere Textur. Die Chimichurri in eine Dose mit Deckel füllen. Über Nacht bei Außentemperatur stehen lassen, damit sich die Aromen verbinden. Dann kühl stellen, so ist sie 3 Wochen haltbar. Vor dem Servieren die Chimichurri wieder auf etwa 20 °C erwärmen lassen.

Anmerkung: Wenn im Laufe der Zeit die Petersilie oxidiert (und deswegen braun wird), ist das ganz normal. Jeder Argentinier wird Ihnen bestätigen, dass es das Zeichen einer guten, ordentlich gealterten Chimichurri ist, wenn sie eine glanzlose, armeegrüne Farbe mit einem etwas trüben Aussehen hat.

Chermoula

Die warme, rauchige und herzhafte Chermoula mit einem Hauch an Frische wird traditionell zu gegrilltem Fisch serviert (Seite 150), passt aber auch gut zu allen anderen Meeresfrüchten, Fleisch und Gemüse. Vor allem wenn sie gut gebräunt sind.

ERGIBT 350 ML

100 g frische Petersilie	1 TL scharfes Paprikapulver
100 g frischer Koriander	1 TL Salz
4 Knoblauchzehen	Saft von 1 mittelgroßen Zitrone
1 EL Kreuzkümmelpulver	
1 EL Korianderpulver	120 ml Olivenöl

Petersilie, frischen Koriander, Knoblauch, Kreuzkümmel, Korianderpulver, Paprikapulver, Salz und Zitronensaft in eine Küchenmaschine füllen und pürieren, bis alles fein gehackt und gut vermischt ist. Wenn nötig, die Mischung vom Rand der Küchenmaschine zwischendurch nach unten schieben. Das Öl bei laufendem Motor langsam einfließen lassen, bis sich eine glatte Sauce bildet. Die Chermoula in eine Dose mit Deckel füllen und bis zu 3 Tage im Kühlschrank aufbewahren.

900 g Hähnchenschenkel ohne Haut und Knochen, in 2–5 cm breite Streifen geschnitten

2 EL marokkanische Gewürzmischung (siehe Seite 71)

540 g Tomaten, klein geschnitten

ca. 100 g rote Zwiebeln, klein geschnitten

1 Handvoll frische Minzblätter, fein gehackt

Salz

frisch gemahlener schwarzer Pfeffer

Saft von ½ mittelgroßen Zitrone

Olivenöl

Chermoula (Seite 164 f.)

 CLEVER

Sie haben frische Minze übrig? Verwenden Sie sie für Thailändischen Quinoa-Salat mit frischen Kräutern (Seite 75) oder statt (oder auch zusätzlich zu) dem frischen Basilikum in der Pikanten Steinobst-Salsa (Seite 108) oder in der Sommer-Ale-Sangria mit Ingwer und Pfirsich (Seite 194).

Manchmal können Spieße etwas langweilig erscheinen – vielleicht, weil man im Laufe der Zeit einfach zu viele Zucchinischeiben und Zwiebelspalten und völlig ausgetrocknete Hähnchenbruststücke vom Spieß gegessen hat. Diese Spieße hingegen, voll mit saftigem dunklem Fleisch, das in warme, pikante Gewürze eingehüllt ist, sind zart, voller Geschmack und dazu noch ganz einfach zuzubereiten. Die perfekte Balance zu ihrem kräftigen Geschmack bietet eine Chermoula und ein frischer, pikanter Salat aus Sommertomaten. Kaufen Sie möglichst die reifsten, süßesten Sorten, deren Saft sich wunderbar mit dem Olivenöl verbindet.

MAROKKANISCH GEWÜRZTE HÜHNERSPIESSE MIT CHERMOULA UND TOMATEN-MINZE-SALAT

ERGIBT 4 PORTIONEN

Zu Hause
Die Hähnchenfleischstreifen in eine große Schüssel geben, mit der Gewürzmischung bestreuen und darin schwenken, sodass sie davon bedeckt ist. In einen wiederverschließbaren Gefrierbeutel füllen, die Luft hinausdrücken und das Fleisch mindestens 2 Stunden (bis zu 24 Stunden) kühl stellen.

Im Camp
Einen Grill auf mittlere Temperatur erhitzen.

Inzwischen in einer Servierschüssel Tomaten, Zwiebeln, Minze sowie je 1 kräftige Prise Salz und Pfeffer vermischen. Mit etwas Zitronensaft und Öl beträufeln, alles gut mischen. Bis zum Servieren beiseite stellen.

Die Hähnchenstreifen mittig umklappen und den Spieß durch beide Enden stecken. Spieße 8–12 Minuten unter gelegentlichem Wenden grillen, bis sie durchgegart und rundherum gut gebräunt sind.

Zum Servieren die Spieße mit etwas Chermoula anrichten. Dazu den Tomaten-Minze-Salat reichen.

5 Hähnchenschenkel
mit Haut und Knochen
(ca. 900 g)

Salz

frisch gemahlener
schwarzer Pfeffer

2 TL Kreuzkümmelpulver

2 EL Olivenöl

1 mittelgroße Zwiebel,
klein geschnitten

1 mittelgroße Paprikaschote,
entkernt und klein
geschnitten

1 Poblano-Chilischote,
klein geschnitten

4 Knoblauchzehen,
klein gehackt

1 TL getrockneter Oregano

1 TL Kurkumapulver

1 Lorbeerblatt

225 g Tomatensauce
aus der Dose

300 g weißer Langkornreis

350 ml Hühnerbrühe

240 ml Bier

145 g TK-Erbsen, aufgetaut

1 Handvoll Koriander,
frisch gehackt

 CLEVER

Für einen Rest Koriander gibt es viele Verwendungsmöglichkeiten: Gegrillte Guacomole (Seite 106), Mexikanischer Garnelen-Cocktail (Seite 123), Mexikanischer Maissalat (Seite 122), Thailändischer Quinoa-Salat mit frischen Kräutern (Seite 75), Taco-Salat mit cremigem Koriander-Limetten-Dressing (Seite 80), Tacos mit gegrillten Krabben, Mais und Tomaten-Salsa (Seite 98), Lachs in Folie mit Ananas-Salsa (Seite 101) oder Rote-Linsen-Suppe mit Karotten und Kreuzkümmel (Seite 138).

Vielleicht ist Ihnen schon einmal aufgefallen, dass der spanische Name für dieses klassische Wohlfühl-Essen arroz con pollo – »Reis mit Huhn« heißt, nicht umgekehrt. Denn bei diesem Gericht geht es vor allem um den sehr schmackhaften, gelben Reis, der mit Sofrito zubereitet wird – einer aromatischen Mischung aus Chilischoten, Zwiebeln, Tomaten und Gewürzen, die zu einer dicken Sauce eingekocht wird. Die Zutaten können je nach Region variieren, sodass auch der Geschmack von arroz con pollo von der Region abhängt, aus der das Gericht stammt – in unserem Fall ist es die Karibik.

KUBANISCHER REIS MIT HUHN

ERGIBT 5 PORTIONEN

Die Hähnchenschenkel kräftig mit Salz und Pfeffer würzen und rundherum mit 1 TL Kreuzkümmel bestreuen.

Einen Suppentopf auf mittlere Temperatur erhitzen, das Öl hineingeben und den Topf schwenken. Hähnchenschenkel nebeneinander hineinlegen und unter einmaligem Wenden 10–12 Minuten anbraten, bis sie auf beiden Seiten gut gebräunt sind. Anschließend auf eine Platte legen.

Den Bratensaft in dem Topf wieder erhitzen und Zwiebel, Paprikaschote, Chilischote, Knoblauch, Oregano, Kurkuma, Lorbeerblatt, Tomatensauce und den restlichen Kreuzkümmel (1 TL) hinzugeben. Etwa 3 Minuten unter gelegentlichem Umrühren garen, bis das Gemüse bissfest ist. Reis, Brühe und Bier hinzufügen und umrühren, um den Reis gut mit Flüssigkeit zu bedecken. Die Mischung zum Kochen bringen, dabei immer wieder umrühren.

Die Hähnchenschenkel mit der Hautseite nach oben auf den Gemüsereis legen. Temperatur herunterschalten, Topf zudecken und alles etwa 20 Minuten köcheln lassen, bis die meiste Flüssigkeit aufgenommen, der Reis und das Fleisch durchgegart sind. Erbsen einrühren und alles etwa 5 Minuten ohne Deckel garen, bis die Erbsen erhitzt sind und alle Flüssigkeit aufgenommen ist. Vom Herd nehmen und vor dem Servieren noch 10 Minuten stehen lassen.

Das Lorbeerblatt entfernen und entsorgen. Jeden Hähnchenschenkel auf einem Reisbett servieren und mit Koriander garnieren.

FÜR DIE PICKLES

160 ml heller Essig

160 ml Wasser

65 g Zucker

2 EL Sriracha

1 mittelgroße Salatgurke, diagonal in dünne Scheiben geschnitten (ca. 225 g)

FÜR DAS STEAK

120 ml Sojasauce

60 ml Reisessig

2 EL frisch gehackter Ingwer

2 EL Sriracha

2 EL geröstetes Sesamöl

2 EL Zucker

2 Frühlingszwiebeln, fein gehackt

4 Knoblauchzehen, klein gehackt

1 Flank Steak (Bauchlappen), halbiert

ZUM SERVIEREN

535 ml Wasser

300 g weißer Langkornreis

Salatblätter vom grünen Salat

Anmerkung: Je nach Reissorte kann die Gardauer kürzer oder länger sein als im Rezept angegeben. Falls Sie sich bezüglich der Wassermenge und Kochzeit nicht sicher sind, folgen Sie einfach der Anleitung auf der Packung.

Der Duft eines Steaks auf dem Grill ist eins meiner liebsten Dinge beim Kochen im Camp. Mit einer kräftigen Sauce wie dieser koreanischen Marinade auf Bulgogi-Art wird es bei Ihren hungrigen Campingfreunden garantiert ein Erfolg. Und das Essen macht auch Spaß: Jeder kann sich sein eigenes Blattsalat-Päckchen mit Reis, Steak und Pickles machen, servieren Sie also alles in der Mitte.

KOREANISCHES FLANK STEAK MIT SRIRACHA-GURKE

ERGIBT 4 PORTIONEN

Zu Hause

Für die Pickles Essig, Wasser, Zucker und Sriracha in einer kleinen Schüssel verrühren, bis der Zucker aufgelöst ist. Die Gurkenscheiben in ein gut verschließbares Gefäß füllen und die Marinade darübergießen. Über Nacht (oder bis zu 2 Wochen) kühl stellen.

Für das Steak Sojasauce, Essig, Ingwer, Sriracha, Sesamöl, Zucker, Frühlingszwiebeln und Knoblauch in einer kleinen Schüssel verrühren. Die Hälfte der Sauce in einer Dose mit Deckel im Kühlschrank aufbewahren. Übrige Sauce und das Steak in einen wiederverschließbaren Gefrierbeutel geben und diesen schütteln, um das Steak gut mit der Sauce zu bedecken. Luft hinausdrücken, Fleisch über Nacht (oder bis zu 24 Stunden) kühl stellen.

Im Camp

Das Wasser in einem kleinen Topf zum Kochen bringen. Den Reis einrühren, die Temperatur herunterschalten, den Topf zudecken und den Reis 15–20 Minuten köcheln lassen, bis alle Flüssigkeit aufgenommen und der Reis gar und locker ist.

Inzwischen den Grill auf mittlere Temperatur erhitzen.

Das Steak auf die heißeste Stelle des Grills legen, 2–4 Minuten auf jeder Seite braten, bis es medium ist. Auf einem Schneidebrett 10 Minuten ruhen lassen. Quer zur Faser in dünne Scheiben schneiden.

Steak mit der aufbewahrten, von zu Hause mitgebrachten Sauce beträufeln und mit Salatblättern, Reis und Pickles servieren.

Das Huhn ist saftig und schmackhaft, der Reis locker und süßlich. Aber der Star in diesem Rezept ist die thailändische Erdnusssauce, die allen Zutaten zusätzlichen Pep verleiht. Sie ist reichhaltig, sämig und mit einem Hauch Schärfe. Und außer zu Huhn passt sie auch wunderbar zu vielen anderen Fleischarten sowie zu Gemüse. Bereiten Sie die Sauce schon vor dem Campingtrip zu Hause zu und variieren Sie das Gericht, indem Sie das Huhn durch gebratenen Lachs, pfannengerührtes Schweinefleisch oder gegrilltes Gemüse ersetzen.

HUHN MIT THAI-ERDNUSSSAUCE UND KOKOSREIS

ERGIBT 4 PORTIONEN

415 ml Kokosmilch aus der Dose

240 ml Wasser

300 g weißer Langkornreis

1 Handvoll Korianderblätter, fein gehackt, plus etwas zum Garnieren

2 EL Olivenöl

8 Hähnchenschenkel ohne Haut und Knochen, in mundgerechte Stücke geschnitten (ca. 680 g)

Salz

frisch gemahlener schwarzer Pfeffer

350 ml Thai-Erdnusssauce (gegenüberliegende Seite)

gehackte, trocken geröstete Erdnusskerne

Kokosmilch und Wasser in einem kleinen Topf bei mittlerer Temperatur zum Kochen bringen. Reis und Koriander einrühren. Temperatur herunterschalten. Reis zugedeckt etwa 15 Minuten köcheln lassen, bis alle Flüssigkeit aufgenommen und der Reis gar ist. Vor dem Servieren noch 10 Minuten zugedeckt stehen lassen.

Anmerkung: Je nach Reissorte kann die Gardauer länger oder kürzer sein als im Rezept angegeben. Falls Sie sich bezüglich der Wassermenge und Kochzeit nicht sicher sind, folgen Sie einfach der Anleitung auf der Packung.

Inzwischen in einer großen Pfanne bei mittlerer Temperatur das Öl erhitzen. Hähnchenschenkel mit Salz und Pfeffer würzen und nebeneinander in die Pfanne legen. 3–4 Minuten braten, bis die Unterseiten gebräunt sind, dann umdrehen und unter gelegentlichem Wenden noch 6–8 Minuten braten, bis das Fleisch durchgegart ist.

Die Erdnusssauce angießen und umrühren, sodass die Hähnchenschenkel davon vollständig bedeckt sind. 2–3 Minuten garen, bis die Sauce erhitzt ist.

Den Reis mit einer Gabel auflockern. Reis und Huhn auf 4 Teller aufteilen und mit gehacktem Koriander und gehackten Erdnusskernen garnieren.

Thai-Erdnusssauce

Die lange Liste exotischer Kräuter und Gewürze kann einen davon abhalten, thailändische Erdnusssauce selbst zu machen, aber glücklicherweise sind fast alle davon in thailändischer roter Currypaste enthalten, die in gut sortierten Supermärkten oder Asialäden leicht erhältlich ist. Bereiten Sie die Sauce also nach diesem schnellen Rezept zu, und verwenden Sie sie zum Beispiel für thailändische Satay-Gerichte, Currys, Suppen und Glasnudeln; als pikante Würze für gegrillten Fisch und gegrilltes Fleisch; als Dip für Sommerrollen und Sesamhuhn im Salatschälchen (Seite 85).

ERGIBT 585 ML

415 ml Kokosmilch
aus der Dose

135 g cremige Erdnussbutter

3 EL thailändische rote
Currypaste

2 EL Apfelessig

1 EL Zucker

1 TL Salz

Alle Zutaten in einem kleinen Topf verrühren und auf mittlerer Temperatur erhitzen. 3–5 Minuten köcheln lassen, bis die Sauce glatt und gut vermischt ist. Topf vom Herd nehmen und die Sauce auf etwa 20 °C abkühlen lassen. In eine Dose mit Deckel umfüllen und kühl stellen. Gekühlt hält sich die Sauce bis zu 2 Wochen.

Orzotto ist eine Spezialität aus Nordost-Italien, bei der für Risotto anstatt Reis Gerste genommen wird. Doch wir verwenden hier Orzo, eine kleine reisförmige Nudel, damit man nicht ganz so viel rühren muss und das Gericht schneller gart. Tatsächlich bedeutet Orzo im Italienischen Gerste, denn die Pasta ähnelt einem großen Getreidekorn. Orzo wird fast wie Risotto zubereitet: Erst wird sie in der Pfanne leicht angeröstet, dann in Wein und Brühe geköchelt. Dabei wird Stärke freigesetzt, sodass das Gericht eine samtige Konsistenz bekommt.

ORZOTTO MIT HUHN, CHAMPIGNONS UND LAUCH

ERGIBT 4 PORTIONEN

2 EL Olivenöl

8 Hähnchenschenkel ohne Haut und Knochen (ca. 680 g)

Salz

frisch gemahlener schwarzer Pfeffer

6 mittelgroße Champignons, in Scheiben geschnitten

1 kleine Stange Lauch, längs halbiert und in dünne Streifen geschnitten (ca. 113 g)

225 g Orzo

60 ml trockener Rotwein

475 ml Hühnerbrühe

½ TL getrocknete italienische Kräutermischung

35 g Parmesan, gerieben

In einer großen Pfanne bei mittlerer Temperatur 1 EL Öl erhitzen. Die Hähnchenschenkel mit Salz und Pfeffer würzen und etwa 5 Minuten braten, bis sie auf einer Seite gebräunt sind. Umdrehen und noch etwa 10 Minuten braten, bis das Fleisch in der Mitte nicht mehr rosa ist. Hähnchenschenkel auf eine Platte legen und warm halten.

In derselben Pfanne das restliche Olivenöl erhitzen und die Champignons einlagig hineingeben. 1–2 Minuten braten, bis ihre Unterseite gebräunt ist. Lauch sowie je 1 kräftige Prise Salz und Pfeffer hinzufügen und 2–3 Minuten unter gelegentlichem Rühren garen, bis der Lauch gar ist.

Orzo einrühren und etwa 2 Minuten leicht anrösten. Wein angießen und so lange köcheln lassen, bis die Flüssigkeit fast verdampft ist. Die Brühe mit der italienischen Kräutermischung zufügen und zum Kochen bringen.

Temperatur zurückschalten und alles 10–12 Minuten unter gelegentlichem Rühren köcheln, bis alle Flüssigkeit aufgenommen und die Orzo-Nudeln gar sind. Den Parmesan einrühren. Die Hähnchenschenkel auf die Orzo-Nudeln legen, Pfanne zudecken und alles noch 2–3 Minuten durchwärmen. Orzo und Huhn auf 4 Teller aufteilen und servieren.

Chicken Fajitas kamen auf meinen Campingtrips bei allen immer gut an. Aber ab und zu muss etwas Abwechslung her, erst recht, wenn man das schmutzige Geschirr dabei gering halten kann. Diese Variante hat alle typischen Fajita-Zutaten – Huhn, Paprika, Chilischoten, Tomaten, Zwiebeln und eine Gewürzmischung mexikanischer Art –, aber sie werden zu einem herzhaften Pasta-Gericht weiterverarbeitet, das in derselben Pfanne gart und nicht abgegossen werden muss. (Hier ist eine Pfanne mit hohem Rand nützlich.)

ONE-POT-CHICKEN-FAJITA-PASTA

ERGIBT 4 PORTIONEN

450 g Hähnchenbrustfilet ohne Haut und Knochen, in mundgerechte Stücke geschnitten

2 EL Gewürzmischung »South-of-the-Border-Seasoning«

2 EL Olivenöl

1 mittelgroße Zwiebel, klein gewürfelt

4 Knoblauchzehen, klein gehackt

2 mittelgroße Paprikaschoten, entkernt und klein gewürfelt

1 Poblano-Chilischote, klein gewürfelt

340 g Rotini-Pasta (oder Fusilli)

475 ml Hühnerbrühe

425 g stückige Tomaten aus der Dose

75 g Sauerrahm

1 Handvoll Korianderblätter, frisch gehackt

1 große Limette, in Spalten geschnitten

Hähnchenstücke in einer Schüssel mit 1 EL Gewürzmischung bestreuen.

In einer großen Pfanne auf mittlerer Temperatur 1 EL Öl erhitzen und das Hähnchenfleisch nebeneinander hineingeben. 2–3 Minuten ohne Umrühren braten, bis die Unterseiten der Stücke gebräunt sind. Nun das Fleisch umdrehen und noch 2–3 Minuten braten, bis es in der Mitte nicht mehr rosa ist. Dann auf eine Platte legen.

In derselben Pfanne das übrige Öl erhitzen. Zwiebel und Knoblauch dazugeben und 2–3 Minuten anschwitzen, bis die Zwiebel glasig zu werden beginnt. Paprikaschoten, Chilischote und die restliche Gewürzmischung hinzufügen und 3–5 Minuten unter gelegentlichem Umrühren braten, bis die Paprikaschoten und die Chilischote zart sind. Gemüsemischung auf die Platte zu dem Fleisch legen.

Pasta, Brühe und Tomaten in der Pfanne zum Kochen bringen. Temperatur herunterschalten und alles 10–12 Minuten unter häufigem Rühren köcheln lassen, bis die meiste Flüssigkeit aufgenommen und die Pasta bissfest gegart ist. Hähnchenfleisch und Gemüse wieder in die Pfanne geben und etwa 3 Minuten erhitzen. Sauerrahm und Koriander unterrühren, bis alles gut vermischt ist.

Mit den Limettenspalten servieren.

South-of-the-Border-Seasoning

Sicher kennen Sie diese kleinen Tütchen mit Gewürzmischungen für Tacos oder Fajitas, die es zu kaufen gibt. Unsere selbst zusammengestellte Mischung ersetzt sie. Sie ist scharf und etwas rauchig und verleiht Rinderhackfleisch oder Skirt Steak mehr Pep. Verwenden Sie sie auch für gegrilltes Huhn, Garnelen und Gemüsespieße, um diesen ein mexikanisches Flair zu geben.

ERGIBT 25 G

4 TL Chilipulver

2 TL Salz

2 TL geräuchertes Paprikapulver

1 TL Zucker

1 TL Kreuzkümmelpulver

1 TL Knoblauchpulver

1 TL Zwiebelpulver

½ TL Cayennepfeffer

Alle Zutaten vermischen. In einen wiederverschließbaren Gefrierbeutel oder eine Dose mit Deckel füllen. An einem trockenen, kühlen Ort ist diese Mischung bis zu 6 Monate haltbar.

Ich bin schon zu Hause ein Fan von One-Pot-Pasta-Gerichten, aber im Camp erst recht, denn abends im Schein meiner Stirnlampe nur einen Topf abwaschen zu müssen, ist einfach unschlagbar. Dieses traditionelle Gericht sieht täuschend einfach aus, bietet aber mit einem einzigen Bissen eine breite Geschmackspalette. Man kann die Pasta leicht variieren, ob man nun für eine schärfere Sauce noch 1 Prise Chiliflocken hinzufügt oder am Ende des Kochvorgangs eine Handvoll Erbsen, Schinkenstückchen oder ein paar Garnelen einrührt.

ONE-POT-PASTA MIT WODKA

ERGIBT 4 PORTIONEN

2 EL Olivenöl

2 mittelgroße Schalotten, klein geschnitten

4 Knoblauchzehen, klein gehackt

1 EL Tomatenmark

80 ml Wodka

800 g stückige Tomaten aus der Dose

½ TL Salz

¼ TL Chiliflocken

450 g Penne

475 ml Hühnerbrühe

120 g Crème double

1 Handvoll Petersilienblätter, frisch gehackt

geriebener Parmesan

Das Öl in einem Suppentopf bei mittlerer Temperatur erhitzen und die Schalotten und den Knoblauch darin 2–3 Minuten anschwitzen, bis die Schalotten beginnen, glasig zu werden. Tomatenmark hinzufügen und etwa 1 Minute mitgaren, bis die Schalotten und der Knoblauch ganz davon überzogen sind. Wodka angießen und so lange köcheln lassen, bis die Flüssigkeit fast auf die Hälfte reduziert ist. Stückige Tomaten, Salz und Chiliflocken dazugeben und etwa 10 Minuten unter gelegentlichem Rühren köcheln, bis die Sauce etwas eingedickt ist. Penne und Brühe hinzufügen und zum Kochen bringen.

Temperatur herunterschalten und alles 12–15 Minuten unter häufigem Umrühren köcheln lassen, bis die Flüssigkeit fast aufgenommen und die Penne bissfest sind. Topf vom Herd nehmen und die Crème double einrühren.

Mit Petersilie und Parmesan garniert servieren.

 CLEVER

Die halb leere Dose Tomatenmark müssen Sie nicht mit nach Hause nehmen. Verbrauchen Sie sie in diesen Gerichten: Rote-Linsen-Suppe mit Karotten und Kreuzkümmel (Seite 138), Scharfes Drei-Bohnen-Chili (Seite 142) oder Lasagne aus dem Dutch Oven (Seite 179). Übrige Petersilie passt gut zu: Gegrillte Maiskolben auf vier Arten (Seite 120), Knoblauch-Garnelen mit Tomaten und Orzo (Seite 158) oder Lasagne aus dem Dutch Oven (Seite 179).

Wenn Sie Ihre Pizza am liebsten mit einem Boden mit dicker, hoher Kruste mögen, auf den viel Belag passt, dann werden Sie an dieser Pfannenpizza im Camp Ihre Freude haben. Obwohl sie mit nicht allzu vielen Zutaten zubereitet wird, werden die Geschmacksknospen gleichzeitig mit gegensätzlichen Aromen gereizt: mit würzig-scharfer Soppressata und süßem Fenchel, mit mildem Mozzarella und einer scharfen Serrano-Chilischote. Sie können die »Pizza à la Chicago Style« mit den Zutaten zuerst belegen und dann die Sauce obendrauf geben, aber ich mag den Anblick von sich überlappendem Fenchel und Käse auf der fertigen, dampfend heißen Pizza. Wenn Sie die Pizza weniger scharf mögen, nehmen Sie süße Soppressata, für mehr Schärfe streuen Sie noch Chiliflocken darüber. (Bild auf Seite 178)

SOPPRESSATA-FENCHEL-PIZZA AUS DEM DUTCH OVEN

ERGIBT 3 PORTIONEN

Olivenölspray

450 g selbst gemachter Pizzateig (Seite 146) oder fertig gekaufter Pizzateig

180 ml Pizzasauce ohne Kochen (Seite 147) oder gekaufte Pizzasauce

225 g Mozzarella, zerpflückt

10 dünne Scheiben scharfe Soppressata (ca. 55 g)

½ mittelgroße Fenchelknolle, in dünne Scheiben geschnitten

1 Serrano-Chilischote, in dünne Ringe geschnitten

115 g Ricotta

frisch gemahlener schwarzer Pfeffer

Gekühlten Pizzateig herausnehmen und auf etwa 20 °C erwärmen lassen. Inzwischen einen Berg Holzkohle, Hartholzkohle oder Grillbriketts vorbereiten (siehe Seite 25).

Dutch Oven dünn mit Öl einsprühen. Teig zu einem Kreis von etwa 30 cm Durchmesser ausrollen, dann in den Dutch Oven drücken und die Ränder 2–4 cm hochziehen, sodass eine flache Schale für den Belag entsteht. Pizzasauce auf dem Teig verteilen, dann darauf Mozzarella, Soppressata, Fenchel und Chiliringe legen. Ricotta in Flöckchen darauf verteilen und alles salzen und pfeffern.

Etwa ¼ der Kohlen in der Kochstelle ringförmig auslegen (siehe Seite 32-34). Den Dutch Oven zudecken, auf den Kohlenring stellen und 2 Ringe Kohlen auf den Deckel legen.

Pizza bei hoher Temperatur 30–40 Minuten backen, bis der Rand goldbraun, der Fenchel gar und der Mozzarella geschmolzen ist. Eventuell die Kohle durch neue, heiße Kohle ersetzen, um die Temperatur aufrechtzuerhalten. Topf und Deckel nach der Hälfte der Garzeit drehen, damit die Pizza gleichmäßig backt. Dutch Oven zugedeckt noch 10 Minuten stehen lassen, bevor man die Pizza schneidet und serviert.

FORTSETZUNG/BILD DES REZEPTS NÄCHSTE SEITE

DER DUTCH OVEN
EIN STÜCK AMERIKANISCHE TRADITION

Der gusseiserne Kochtopf, wie wir ihn heute kennen, hat sich kaum verändert, seit er von amerikanischen Pionieren verwendet wurde. Der Dutch Oven ist für unsere kulinarische Geschichte so bedeutend – und für die Familien, die ihn noch immer verwenden, sei es zu Hause oder im Camp –, dass er offiziell in Texas 2005 als State Cooking Implement, in Arkansas 2001 als State Historic Cooking Vessel und in Utah 1997 als State Cooking Pot geehrt wurde. In Utah wird der Dutch Oven sogar von mehr Familien benutzt als in jedem anderen Staat. Vielleicht, weil dort die Familie einen hohen Stellenwert hat und oft viele Generationen am Campingfeuer bei einem Gericht sitzen, das in demselben Dutch Oven gekocht wurde, den auch schon ihre Vorfahren benutzten.

FÜR DIE FLEISCHSAUCE

225 g mageres
Rinderhackfleisch

225 g italienische Bratwurst
(Salsiccia), ohne Pelle

1 mittelgroße Zwiebel,
klein geschnitten

4 Knoblauchzehen,
klein gehackt

800 g passierte Tomaten
(aus dem Päckchen)

225 g Tomatensauce
(selbst gemacht
oder Fertigprodukt)

60 ml trockener Rotwein

1 EL Tomatenmark

1 EL italienische
Kräutermischung

1 TL Chiliflocken

1 TL Salz

½ TL Fenchelsamen

¼ TL frisch gemahlener
schwarzer Pfeffer

FÜR DIE KÄSEMISCHUNG

2 große Eier

500 g Mozzarella, zerpflückt

450 g Ricotta

50 g Parmesan, gerieben

25 g frisch gehackte
Petersilienblätter,
plus etwas zum Garnieren

FÜR DIE LASAGNE

Olivenölspray

9 Lasagne-Nudelplatten
(ohne Vorkochen)

100 g Babyspinat

Dieses wunderbar zartschmelzende Gericht konnte man früher nur zu Hause zubereiten, wo Schicht über Schicht an Pasta, Käse und Sauce zusammen in einer rechteckigen Auflaufform blubberten. Aber auch im Camp kann man heute eine klassische Lasagne herstellen! Sie ist zwar rund, aber sie hat all die Aromen und Schichten, die Sie kennen und lieben. Ich nehme für dieses Rezept Lasagne-Nudelplatten »ohne Vorkochen«, um sie nicht erst garen zu müssen (und um nicht noch einen Topf schmutzig zu machen … denn wer möchte schon mehr Abwasch haben?).

LASAGNE AUS DEM DUTCH OVEN

ERGIBT 6 PORTIONEN

Für die Fleischsauce Hackfleisch und Wurstbrät in einer großen Pfanne bei mittlerer Temperatur erhitzen. Beides dazu flach gedrückt in der Pfanne ausbreiten und etwa 5 Minuten braten, bis es an der Unterseite gebräunt ist. Dann unter Rühren noch 3–5 Minuten krümelig braten, bis es rundum gebräunt ist. Zwiebel und Knoblauch zufügen und 2–3 Minuten mitbraten, bis die Zwiebel glasig zu werden beginnt. Passierte Tomaten, Tomatensauce, Wein, Tomatenmark, italienische Kräutermischung, Chiliflocken, Salz, Fenchelsamen und Pfeffer dazugeben. Die Mischung zum Kochen bringen, dann die Temperatur herunterschalten und alles etwa 15 Minuten köcheln, bis die Sauce eingedickt ist.

Inzwischen einen Berg Holzkohle, Hartholzkohle oder Grillbriketts vorbereiten (siehe Seite 25).

Für die Käsemischung in einer mittelgroßen Schüssel Eier, 450 g Mozzarella, den Ricotta, 25 g Parmesan und die Petersilie verrühren, bis alles sehr gut vermischt ist.

FORTSETZUNG DES REZEPTS NÄCHSTE SEITE

Zum Zusammenstellen der Lasagne den Dutch Oven dünn mit Öl aussprühen. Ein Drittel der Fleischsauce im Topf verteilen, darauf eine Hälfte der Nudeln, eine Hälfte der Käsemischung und eine Hälfte des Spinats. (Brechen Sie die Nudeln in Stücke, damit sie in den Topf passen.) Mit den restlichen Zutaten das Gleiche wiederholen, als Letztes noch eine Schicht Fleischsauce daraufgeben. Das Ganze mit dem übrigen Mozzarella (50 g) und Parmesan (25 g) bestreuen.

Etwa ¼ der Kohlen in der Kochstelle ringförmig auslegen (siehe Seite 32–34). Den Dutch Oven zudecken, auf den Kohlenring stellen und 1½ Ringe Kohlen auf den Deckel legen.

Bei mittlerer Hitze etwa 30 Minuten backen, bis die Käsesorten geschmolzen und die Nudeln weich sind. Wenn nötig, die Kohlen durch neue, heiße Kohlen ersetzen, um die Temperatur aufrechtzuerhalten. Topf und Deckel nach der Hälfte der Garzeit drehen, damit die Lasagne gleichmäßig backt. Den Dutch Oven zugedeckt noch 10 Minuten stehen lassen, bevor man die Lasagne anschneidet und serviert. Mit Petersilie garnieren.

✦ CLEVER ✦

Was tun mit dem restlichen Tomatenmark? Verwenden Sie es hierfür: Rote-Linsen-Suppe mit Karotten und Kreuzkümmel (Seite 138), One-Pot-Pasta mit Wodka (Seite 176) oder Scharfes Drei-Bohnen-Chili (Seite 142). Übrige Petersilie nehmen Sie für Gegrillte Maiskolben auf vier Arten (Seite 120), Knoblauch-Garnelen mit Tomaten und Orzo (Seite 158) oder One-Pot-Pasta mit Wodka (Seite 176).

Von diesem Gericht mache ich zu Hause eine Variante, die ich Backofen-Fried-Chicken nenne, weil das Fleisch genauso knusprig ist wie bei einem klassischen Fried Chicken, ohne jedoch frittiert worden zu sein. Im Camp erreicht der Dutch Oven das Gleiche. Und vor allem ist es ein Leichtes, nachher sauberzumachen – keine Fettspritzer und kein übrig gebliebenes Fett zum Entsorgen. Die Gewürze in der Panade können Sie nach Geschmack variieren (vielleicht ein paar Prisen Cayennepfeffer für etwas Schärfe?) oder ersetzen Sie den Kohl-Apfel-Salat durch Gegrillten Weißkohl mit cremiger Gorgonzola-Vinaigrette (Seite 128).

KNUSPRIGES BUTTER-MILCH-HUHN AUS DEM DUTCH OVEN MIT KOHL-APFEL-SALAT

ERGIBT 4 PORTIONEN

FÜR DAS HUHN

475 ml Buttermilch

8 Hähnchenschenkel mit Haut und Knochen (ca. 1,4 kg)

240 g Weizenmehl Type 405

110 g Semmelbrösel

1 EL Knoblauchpulver

1 EL Zwiebelpulver

Olivenölspray

1 EL Butter

geräuchertes Paprikapulver

Zu Hause

Für das Huhn die Buttermilch zusammen mit den Hähnchenschenkeln in einen wiederverschließbaren Gefrierbeutel füllen, diesen schütteln, damit die Hähnchenschenkel gut mit Buttermilch bedeckt sind. Luft aus dem Beutel drücken und das Fleisch mindestens 2 Stunden (bis zu 24 Stunden) im Kühlschrank ruhen lassen.

In einem weiteren wiederverschließbaren Gefrierbeutel Mehl, Semmelbrösel, Knoblauchpulver und Zwiebelpulver vermischen. Den Beutel an einem trockenen, kühlen Platz aufbewahren, bis er gebraucht wird.

Im Camp

Die überschüssige Marinade jeweils von den Hähnchenschenkeln abtropfen lassen und die Hähnchenschenkel anschließend so in den Beutel mit der Mehlmischung geben, dass das Fleisch davon bedeckt ist. Etwa 30 Minuten in einer weiten, flachen Schüssel ruhen lassen.

Inzwischen einen Berg Holzkohle, Hartholzkohle oder Grillbriketts vorbereiten (siehe Seite 25). Etwa ¼ der Kohlen in der Kochstelle ringförmig auslegen (siehe Seite 32–34).

FÜR DEN SALAT

Saft von 1 großen Zitrone

2 EL Olivenöl

½ TL Salz

1 mittelgroßer Kopf
Grünkohl, Rippen entfernt
und Blätter fein geschnitten

1 kleiner Apfel, entkernt und
in feine Stifte geschnitten

30 g getrocknete Cranberrys

30 g gesalzene Kürbiskerne

25 g Parmesan, gerieben

frisch gemahlener
schwarzer Pfeffer

Den Dutch Oven dünn mit Olivenöl aussprühen und über den Kohlen erhitzen. Die Butter darin schmelzen und den Topf zum gleichmäßigen Verteilen schwenken.

Die Hähnchenschenkel mit ein paar Prisen Paprikapulver würzen und nebeneinander mit der Hautseite nach unten in den Dutch Oven legen. Topf zudecken und 1½ Kohlenringe auf den Deckel legen.

Bei mittlerer Hitze 30 Minuten lang backen. Alle Hähnchenschenkel umdrehen, wieder mit ein paar Prisen Paprikapulver würzen und den Topf zudecken. Die Kohlen, wenn nötig, durch neue ersetzen, um die mittlere Hitze aufrechtzuerhalten. Den Topf und den Deckel für ein gleichmäßiges Garen drehen und alles noch 25–30 Minuten backen, bis das Fleisch außen kross und rundum gebräunt ist.

Während das Huhn gart, den Salat vorbereiten. In einer großen Schüssel Zitronensaft, Öl und Salz gut verrühren. Den Kohl gut untermischen, damit er von der Salatsauce überzogen ist. Mindestens 15 Minuten stehen lassen, bis er beginnt, weich zu werden. Apfel, Cranberrys, Kürbiskerne und Parmesan dazugeben und alles gut durchmischen.

Den Salat nach Geschmack mit Pfeffer würzen und zusammen mit den Hähnchenschenkeln servieren.

Wenn es darum geht, was sich beim Kochen besonders gut ergänzt, sind Schweinefleisch und Äpfel ein klassisches Paar. Besonders, wenn sie auf niedriger Temperatur langsam gegart werden und sich so alle süßen und herzhaften Aromen vermischen. Nach ein paar Stunden in einem säuerlichen Apfelessig-Bad wird das Schweinefleisch so zart, dass man einen Löffel braucht, um es mit der Sauce zu genießen. Ich nehme bei diesem Rezept gern mittelsüße bis süßsäuerliche Äpfel, aber es funktioniert mit allen Sorten gut.

SCHWEINESCHULTER MIT APFEL UND POLENTA AUS DEM DUTCH OVEN

ERGIBT 4 PORTIONEN

Olivenölspray

1 kg Schweineschulter ohne Knochen, in 4 gleich große Stücke geschnitten

Salz

frisch gemahlener schwarzer Pfeffer

2 mittelgroße Zwiebeln, in 1 cm große Spalten geschnitten

240 ml Apfelessig

3 Zweige Thymian plus etwas zum Garnieren

2 mittelgroße Äpfel, entkernt und in 1 cm große Spalten geschnitten

1 TL Dijon-Senf

2 EL Butter

500 g fertig zubereitete Polenta-Rollen, in Stücke geschnitten (siehe Seite 124)

125 ml Milch

Einen Berg Holzkohle, Hartholzkohle oder Grillbriketts vorbereiten (siehe Seite 25). Etwa ¼ der Kohlen in der Kochstelle verteilen (siehe Seite 32).

Den Dutch Oven dünn mit Olivenöl aussprühen und über den Kohlen erhitzen. Die Schweineschulter kräftig mit Salz und Pfeffer würzen.

Die Schweineschulter in dem Topf etwa 3 Minuten auf jeder Seite anbraten, bis sich eine goldbraune Kruste bildet. Den Topf von den Kohlen nehmen und diese nun in einem Ring anordnen (siehe Seite 32-34). Topf wieder auf die Kohlen stellen und Zwiebeln, Apfelessig und Thymian hineingeben. Umrühren, damit sich alle Zutaten gut vermischen, dann den Deckel auflegen und 1½ Kohlenringe darauflegen.

Bei mittlerer Hitze etwa 2 Stunden garen, bis die Schweineschulter so zart ist, dass sie leicht auseinanderfällt. Wenn nötig, die Kohlen ersetzen, um die mittlere Hitze aufrechtzuerhalten. Topf und Deckel alle 30 Minuten für ein gleichmäßiges Garen drehen.

Wenn das Fleisch fertig ist, zusammen mit den Zwiebeln auf eine Servierplatte legen. Nun alle Kohlen unter den Dutch Oven legen und die Flüssigkeit im Topf zum Köcheln bringen. Äpfel und Senf hineingeben und etwa 5 Minuten köcheln, bis die Äpfel gerade weich sind und die Flüssigkeit zu einer dicklichen Sauce eingekocht ist.

Inzwischen einen kleinen Topf auf mittlere Temperatur erhitzen. Die Butter darin schmelzen, die fertige Polenta und die Milch hinzufügen. Die Polenta zerdrücken und mit der Milch zusammen verrühren, bis die Polenta nach etwa 5 Minuten weich und cremig ist.

Zum Servieren die Polenta auf einen Teller geben. Schweinefleisch, Zwiebeln und darauf Äpfel anrichten und mit der Sauce beträufeln. Mit frischen, gehackten Thymianblättchen bestreuen.

 CLEVER

Hierzu passt der restliche Thymian: Herzhafte Pfannkuchen mit Pilzen, Frühlingszwiebeln und Ziegenkäse (Seite 51), Mit Kräutern gefüllte Forelle in Bacon (Seite 103) oder Gegrillte Wassermelone mit Gorgonzola und Pistazien (Seite 133).

FÜR DIE RIPPCHEN

2 EL brauner Zucker

2 EL geräuchertes Paprikapulver

1 EL Salz

1 EL frisch gemahlener schwarzer Pfeffer

1 EL Knoblauchpulver

1 TL Cayennepfeffer

2 EL Dijon-Senf

1,5–1,8 kg Baby Back Ribs, ohne Silberhaut, Fleisch in 4 gleich große Stücke geteilt (siehe Anmerkung)

Anmerkung: Baby Back Ribs werden auch Loin ribs genannt. Sie stammen aus dem Rücken des Schweins und sind in Dtl. als Leiterchen bekannt. Sie sind zarter und kürzer als normale Spareribs.

FÜR DIE SCHMORSAUCE

Olivenölspray

2 große Paprikaschoten, entkernt und in Ringe geschnitten

1 große Zwiebel, in Ringe geschnitten

240 ml Bier

2 EL Apfelessig

Wenn Sie Schweinerippchen mögen, deren Fleisch vom Knochen fällt, in Ihrem Mund förmlich schmilzt und etwas scharf ist, dann verdient dieses Rezept die Aufnahme in Ihre immer wiederkehrenden Camping-Gerichte. Zwei Dinge sprechen sowieso dafür: eine einfache Trockenmarinade aus schmackhaft-scharfen Gewürzen und ein ordentlicher Schuss Ihres Lieblingsbiers. Welche Sorte Bier Sie nehmen, bleibt ganz Ihnen überlassen (und dem Vorrat in Ihrer Kühlbox). Ich mag besonders dunkles Bier, weil es dem Gericht diesen unverwechselbaren Röstgeschmack verleiht. Beginnen Sie mit der Zubereitung gleich nach der Rückkehr von Ihrer Mittagswanderung, dann lassen Sie es einige Stunden schmoren, bevor Sie ein paar Flaschen öffnen und auf den schönen Tag anstoßen.

BABY BACK RIBS IN BIER

ERGIBT 4 PORTIONEN

Zu Hause

Für die Trockenmarinade Zucker, Paprikapulver, Salz, Pfeffer, Knoblauchpulver und Cayennepfeffer in einer kleinen Schüssel gut vermischen.

Die Rippchen auf beiden Seiten gleichmäßig mit dem Senf einstreichen und dann großzügig mit der Trockenmarinade bedecken. Keine Sorge, wenn Sie die ganze Marinade verbrauchen: Diese Rippchen vertragen es. Die behandelten Rippchen in einen wiederverschließbaren Gefrierbeutel füllen, die Luft hinausdrücken und das Fleisch mindestens 1 Stunde (bis zu 24 Stunden) im Kühlschrank ruhen lassen.

Im Camp

Inzwischen einen Berg Holzkohle, Hartholzkohle oder Grillbriketts vorbereiten (siehe Seite 25). Etwa ¼ der Kohlen in der Kochstelle ringförmig auslegen (siehe Seite 32–34).

Für die Schmorflüssigkeit den Dutch Oven dünn mit Öl aussprühen und über den Kohlen erhitzen. Paprikaschoten und Zwiebel im Topf verteilen und darauf nebeneinander die Rippchen anrichten. Bier und Essig angießen, Topf zudecken und 1½ Kohlenringe auf den Deckel legen.

Bei mittlerer Hitze etwa 2 Stunden schmoren, bis die Rippchen karamellisiert sind, die Knochenenden hervorschauen und man das Fleisch leicht mit einer Gabel durchstechen kann. Wenn nötig, die Kohlen ersetzen, um eine mittlere Hitze aufrechtzuerhalten. Topf und Deckel alle 30 Minuten für ein gleichmäßiges Garen drehen.

Wenn Sie die Rippchen gern mit Sauce essen, legen Sie die fertigen Rippchen zusammen mit dem Gemüse auf eine Servierplatte und bedecken Sie sie zum Warmhalten leicht mit Alufolie. Nun die ganze Kohle unter dem Dutch Oven ausbreiten (siehe Seite 32), die Flüssigkeit zum Kochen bringen und zu einer dicklichen Sauce reduzieren.

Die Rippchen mit etwas Sauce bedecken und mit dem geschmorten Gemüse servieren.

DRINKS UND SÜSSES

Cocktails werden gerührt und die Desserts werden verteilt. Benutzte
Servietten liegen auf den Tellern, die Kohlen erlöschen nach
und nach. Das Schwarz des Himmels wird intensiver,
die Sterne leuchten heller. Die Gespräche weichen
einer angenehmen Stille. Der Körper wird
eins mit dem Rhythmus der Erde, und
in dem Moment ist das Leben
vollkommen.

Der Mimosa-Cocktail ist wie geschaffen für einen langen Faulenzermorgen und Sangria für einen langen, faulen Nachmittag. Nimmt man beide zusammen, könnte man sich eigentlich für den Rest des Tages in die Hängematte legen. An diesem Rezept mag ich besonders, dass es eher wie ein loser Vorschlag ist, offen für endlose Variationen, und dass man eigentlich gar nichts falsch machen kann. Rühren Sie Ihre liebsten Früchte, Säfte und Liköre zusammen und schon haben Sie Ihren ganz persönlichen Cocktail, köstlich und angenehm süffig – am besten machen Sie gleich eine doppelte Menge zum Brunch!

MIMOSA-SANGRIA

ERGIBT 8–10 GLÄSER

700 ml Fruchtsaft

750 g frische Früchte
(wenn nötig, in Scheiben
oder Würfel geschnitten)

120 ml fruchtiger Likör
(zum Beispiel Cointreau,
Grand Marnier oder
Chambord)

1 Flasche (750 ml) trockener
Schaumwein, gekühlt

Saft, Früchte und Likör in einem großen Glas (oder Krug, wenn Sie daraus servieren wollen) vermischen und mindestens 1 Stunde stehen lassen, damit sich die Aromen miteinander verbinden. Wenn Sie in Ihrer Kühlbox Platz haben, halten Sie die Mischung bis zum Servieren gekühlt.

Mit Sekt aufgießen und sofort servieren. Alternativ können Sie die Gläser einzeln zu einem Drittel mit der Saftmischung füllen und dann den Schaumwein angießen.

Anmerkung: In der abgebildeten Mimosa-Sangria habe ich eine Mischung aus Orangen- und Ananassaft, in Scheiben geschnittenen Erdbeeren, ganzen Blaubeeren, Cointreau und Prosecco verwendet.

Eine klassische Margarita ist sehr einfach zusammenzustellen: nur Tequila, Triple Sec und Limettensaft. Aber wenn Sie es sich beim Campen noch einfacher machen möchten, ist Limettenlimonade ein cleverer Trick, der die Margarita fast wie die echte schmecken lässt. Das Verhältnis der Getränke zueinander kann bei einer Margarita variieren, dieses hier ist leicht zu behalten: 3 Teile Limonade, 2 Teile Tequila und 1 Teil Triple Sec.

3-2-1-MARGARITA

ERGIBT 1 GLAS

3 Teile Limettenlimonade

2 Teile weißer Tequila

1 Teil Triple Sec

Jalapeño-Chilischote, in dünne Scheibchen geschnitten (optional)

Limettenlimonade, Tequila und Triple Sec in ein Glas füllen und darauf Eiswürfel geben. Wenn Sie etwas Schärfe in Ihrer Margarita mögen, rühren Sie vor dem Servieren ein paar Scheibchen Jalapeño ein.

Margaritas (rechts im Bild) mögen außerhalb Mexikos die bekanntesten mexikanischen Cocktails sein, aber die Paloma (links im Bild) steht in Mexiko noch höher auf der Liste der beliebtesten traditionellen Cocktails. Sie ist spritzig, erfrischend, süffig und genau das, was man sich an einem heißen, trägen, geruhsamen Tag am Wasser wünscht. Sie können jede Sorte Grapefruit-Limonade nehmen, die Sie finden.

PALOMA

ERGIBT 1 GLAS

1 Teil weißer Tequila

1 Teil Grapefruit-Limonade

Saft von ½ mittelgroßen Limette

Salz

Tequila, Grapefruit-Limonade und Limettensaft in einem Glas verrühren. 1 Prise Salz sowie Eiswürfel dazugeben und servieren.

1 Teil helles Bier oder Weizenbier, gekühlt

1 Teil rosa Grapefruitsaft

 VARIANTE

Stellen Sie Ihren persönlichen Shandy zusammen, indem Sie verschiedene Fruchtsäfte und Fruchtnektare probieren, zum Beispiel Orangensaft, Granatapfelsaft, Mangonektar, Birnennektar, Apfelsaft, Limonade oder die hawaiianische Mischung aus Passionsfrucht, Orange und Guave.

ERGIBT 4 GLÄSER

1 Handvoll frische Basilikumblätter

2 mittelgroße Pfirsiche, entsteint und in dünne Scheiben geschnitten

2 Flaschen Sommerbier (à 350 ml), gekühlt

240 ml Ingwerbier, gekühlt

240 ml Pfirsichnektar

 VARIANTE

Wenn Sie nicht weit verreisen, können Sie statt frischer Pfirsiche gefrorene Pfirsichscheiben nehmen, um die Sangria länger kühl zu halten.

Englischsprachler kennen diesen Drink als Shandy, aber in der ganzen Welt gibt es viele Namen dafür: Panaché (Frankreich), Clara (Spanien), Radler (Deutschland) und Sneeuwittje (»Schneewittchen«) in den Niederlanden. Wie auch immer man ihn nennt, zweifellos ist dieser Biercocktail sehr erfrischend. Zwar haben einige Brauereien ihre eigene fertige Version davon herausgebracht, aber man kann ihn im Camp rasch selbst zusammenstellen: Man kombiniert einfach Bier mit Grapefruitsaft oder -limonade. Auch praktisch, um ein Bier zu verbessern, das man nicht besonders mag, oder einfach um sein Bier zu variieren.

RUBY RED GRAPEFRUIT SHANDY

Das Bier in ein Glas gießen, dann mit dem Saft auffüllen (im Bild links).

Wenn Sie sich zur Happy Hour nicht zwischen Bier und Sangria entscheiden können, trinken Sie einfach eine Bier-Sangria – das sorglose, von der Sonne geküsste Kind der Liebe zweier sehr respektabler Getränke. Es ist frisch, fruchtig und sprudelnd und macht das meiste aus den Sommerbieren, die in diesen paar herrlichen Monaten auf dem Markt sind. Kaufen Sie ein leichtes, helles und frisches Bier mit zitronigen oder Steinobst-Noten, um das würzige Ingwerbier und die reifen Pfirsiche auszubalancieren.

SOMMERBIER-SANGRIA MIT INGWER UND PFIRSICH

Basilikum und die Hälfte der Pfirsiche in einem Suppentopf vermischen. Dann die übrigen Pfirsiche, Sommerbier, Ingwerbier und Pfirsichnektar hinzufügen und alles verrühren. Sofort servieren. (im Bild rechts)

Ich mag eine gute, altmodische Limonade – und ich mag sie erst recht veredelt mit Honey Bourbon (zum Beispiel Wild Turkey American Honey oder Jim Beam Honey). Die Süße des Bourbons rinnt weich die Kehle hinunter und der Schuss Alkohol macht aus der Limonade ein Getränk, das man am liebsten den ganzen Tag am See schlürfen möchte. (Hey, daran ist nichts falsch!)

HONEY-BOURBON-LIMONADE

ERGIBT 6 GLÄSER

1,2 l Wasser

100 g Zucker

240 ml frisch gepresster Zitronensaft

240 ml Honey Bourbon

1 große unbehandelte Zitrone, in dünne Scheiben geschnitten

Zu Hause

475 ml Wasser und den Zucker in einem kleinen Topf bei mittlerer Temperatur erhitzen. So lange rühren, bis sich der Zucker aufgelöst hat. Dann vom Herd nehmen und den Zuckersirup auf etwa 20 °C abkühlen lassen.

Sirup, Zitronensaft, Bourbon und das restliche Wasser (725 ml) in ein 2-l-Gefäß füllen. Je nach Säure der Zitronen mit Zucker, Zitronensaft oder Wasser abschmecken. Bis zu 1 Woche gekühlt lagern.

Im Camp

Die Honey-Bourbon-Limonade auf Eiswürfeln servieren und mit Zitronenscheiben garnieren.

LIMONADEN-LIEBE

Eine gute Limonade beginnt mit dem oben stehenden Rezept eines Zuckersirups sowie Zitronensaft und Wasser. Machen Sie sie mit einem der folgenden Aromen noch besser.

Für Kräuterlimonade: Ein paar Zweige Thymian, Rosmarin, Minze oder Basilikum im Zuckersirup auf niedriger Temperatur 30 Minuten ziehen lassen. Die Kräuter herausnehmen und den aromatisierten Sirup wie oben beschrieben mit Zitronensaft und Wasser vermischen.
Für Erdbeerlimonade: 240 ml Erdbeerpüree in die Limonade rühren. Oder Sie setzen noch eins drauf und stellen aus mit Basilikum aromatisiertem Sirup Erdbeer-Basilikum-Limonade her.
Für rosa Limonade: 2 EL Grenadine in die Limonade rühren.
Für Spa-Limonade: Einen mit Minze aromatisierten Sirup verwenden und ein paar Gurkenscheiben in der Limonade ziehen lassen – mindestens 2 Stunden (und nicht länger als 2 Tage).
Für Limetten-Limonade: Den Zitronensaft durch frisch gepressten Limettensaft ersetzen.

Cocktails mit Eistee, wie dieser, sind eine moderne Version gemixter Drinks, in denen sich beide Getränke von ihrer besten Seite zeigen. Der Whiskey in diesem Rezept (ich nehme am liebsten Tennessee Whiskey) bringt gerade genug Feuer hinein, um die Süße des Tees auszubalancieren. Aber seien Sie gewarnt: Dieser Cocktail schlürft sich nur allzu leicht weg.

SÜSSER EISTEE MIT WHISKEY

ERGIBT 6–8 GLÄSER

1,7 l Wasser

100 g Zucker

3 große Teebeutel schwarzer Tee

240 ml Whiskey

1 große unbehandelte Zitrone, in dünne Scheiben geschnitten

Anmerkung: Große Teebeutel enthalten etwa 8–9 g Tee, Sie können stattdessen aber auch 6 normale Teebeutel à 1,2 g Tee nehmen.

Zu Hause

Das Wasser in einem großen Topf zum Kochen bringen. Topf vom Herd nehmen und den Zucker und die Teebeutel ins Wasser geben. Unter gelegentlichem Rühren etwa 5 Minuten ziehen lassen, bis der Zucker aufgelöst ist.

Die Teebeutel herausnehmen, die Flüssigkeit hinausdrücken und die Beutel entsorgen. Tee abkühlen lassen, dann in ein 2-l-Gefäß füllen. Den Whiskey einrühren und bis zu 3 Tage kühl stellen.

Im Camp

Den süßen Tee mit Whiskey auf Eis servieren und mit Zitronenscheiben garnieren.

DAS KAFFEE-EQUIPMENT

Wenn Sie morgens Ihre gute Tasse Kaffee brauchen und sich keinesfalls mit Instant-Kaffee zufriedengeben, stellen Sie sich alles für Ihr Kaffee-Ritual zusammen. Wenn Sie Ihre ganzen Kaffee-Utensilien in einer nur dafür bestimmten Tasche aufbewahren, wird Ihr Start in den Tag auch mit noch leicht schwummrigem Kopf gut gelingen. Hier sind zwei meiner liebsten schnellen Kaffeebrau-Systeme fürs Campen.

Für 1 oder 2 Personen:

× **AeroPress Kaffee-Zubereiter.** Mit diesem kompakten Kaffeezubereitungs-System können Sie in weniger als 1 Minute einen Becher Kaffee zubereiten. Und die AeroPress lässt sich zudem im Nu wieder ausspülen. Einfach den gemahlenen Kaffee hineingeben, mit heißem Wasser auffüllen, umrühren und den Presskolben nach 20 Sekunden hinunterdrücken.

× **Eine kleine Tüte Ihrer Lieblings-Kaffeebohnen.** Wenn Sie nur für sich selbst und/oder Ihren Partner Kaffee machen, gönnen Sie sich das herrliche Aroma von morgens frisch gemahlenen Bohnen.

× **Eine Hand-Kaffeemühle,** um beim Campen Kaffee zu mahlen. Um Platz zu sparen, halten Sie nach einer Mühle Ausschau, die speziell so entworfen ist, dass sie in die AeroPress passt.

× **Ein isolierter Thermo-Kaffeebecher.** Vergessen Sie Emailbecher, die zwar nett aussehen, aber für Kaffee unpraktisch sind. Packen Sie einen Thermo-Becher mit doppelter Wand ein, möglichst mit Deckel.

Für 4 oder mehr Personen:

× **Einen faltbaren Kaffeefilter.** Dieser leichte und platzsparende Kaffeefilter aus Silikon passt auf jede Flasche mit weiter Öffnung. Sie brauchen nur das Kaffeepulver und heißes Wasser hineinzugeben. Nach der Benutzung wird der Filter zu einer flachen Scheibe zusammengefaltet.

× **Eine Thermosflasche oder -kanne,** um den Kaffee heiß zu halten, während Ihre Freunde nach und nach zum Frühstück eintrudeln.

× Eine Packung **Filtertüten Nr. 4.**

× Eine Tüte **frisch gemahlenen Kaffees.** Bewahren Sie sie an einem trockenen, kühlen Ort auf, am besten in einem luftdichten Behälter, um den Kaffee frisch zu halten.

× Einen **Thermo-Becher** für jeden.

Es ist vielleicht nicht der authentischste Chai-Tee, aber ein Glas Chai-Konzentrat für würzigen Tee im Camp dabei zu haben, kann manchmal großartig sein. Die gesüßte Kondensmilch im heißen Tee hat etwas Tröstliches, wenn es morgens noch so kühl ist, dass man gar nicht aus seinem Schlafsack kriechen möchte, geschweige denn aus dem Zelt. Mischen Sie das Konzentrat mit kräftigem schwarzem Tee, zum Beispiel Assam, Englischem Frühstückstee oder Earl Grey für einen klassischen Chai-Tee. Wenn Sie den Tee verfeinern möchten, probieren Sie leichteren Schwarztee wie zum Beispiel Darjeeling.

SCHNELLER CHAI-TEE

ERGIBT BIS ZU 14 BECHER

FÜR DAS CHAI-KONZENTRAT

415 ml gesüßte Kondensmilch aus der Dose

1 TL Kardamompulver

1 TL Ingwerpulver

½ TL Zimtpulver

½ TL Nelkenpulver

FÜR DEN TEE

schwarzer Tee im Beutel

heißes Wasser

Zu Hause

Für das Chai-Konzentrat alle Zutaten in einer kleinen Schüssel gut verrühren. In ein Glas mit Deckel füllen und bis zu 3 Wochen gekühlt aufbewahren.

Im Camp

Den Teebeutel in einem Becher heißem Wasser 3–5 Minuten ziehen lassen. Nach Geschmack ein paar Löffel des Chai-Konzentrats einrühren.

 VARIANTE

Kardamom, Ingwer, Zimt und Gewürznelke sind die Hauptzutaten eines Chai-Tees, aber Sie können die Gewürzmischung nach Gusto anpassen – probieren Sie mal Sternanis, Fenchel, Piment, Koriander oder auch schwarzen Pfeffer, wenn Sie probierfreudig sind.

Früher haben wir oft abends am Lagerfeuer gesessen und becherweise Kakao mit Mini-Marshmallows getrunken, während wir Abenteuergeschichten und Erinnerungen austauschten. Daher ruft eine heiße Trinkschokolade beim Campen bei mir immer nostalgische Gefühle hervor – obwohl ich glaube, dass ich eigentlich die Erinnerungen an diese Tage mehr liebe als den Kakao selbst. So trinke ich heute lieber Kakao aus selbst zusammengestelltem Kakaopulver – eins mit echten Schokostückchen und nicht dieses trockene Pulver aus der Tüte. Die Kombination aus Chocolate Chips, Kakaopulver, Zucker und Milchpulver (das Sie natürlich weglassen können, wenn Sie immer frische Milch dabeihaben) ergibt eine cremige Trinkschokolade mit intensivem Schokoladengeschmack.

MISCHUNG FÜR HEISSE TRINKSCHOKOLADE

ERGIBT 14–18 BECHER

170 g Zartbitter-Chocolate-Chips, sehr fein gehackt (mindestens 60 % Kakao)

85 g ungesüßtes Kakaopulver

100 g Zucker

20 g Milchpulver

½ TL Salz

Alle Zutaten in einer kleinen Schüssel vermischen. In ein luftdichtes Gefäß füllen und bis zu 3 Monate an einem trockenen, kühlen Ort aufbewahren.

Klassische heiße Schokolade
ERGIBT 1 BECHER

240 ml Wasser oder Milch

3–4 EL Mischung für heiße Trinkschokolade (oben)

Das Wasser bei mittlerer Temperatur in einem kleinen Topf erhitzen, bis es dampft. Mischung für Trinkschokolade hineingeben und rühren, bis alle Zutaten aufgelöst und gut vermischt sind.

Mexikanische heiße Schokolade
ERGIBT 1 BECHER

240 ml Wasser oder Milch

3–4 EL Mischung für heiße Trinkschokolade (oben)

⅛ TL Zimtpulver

1 Prise Cayennepfeffer

Das Wasser bei mittlerer Temperatur in einem kleinen Topf erhitzen, bis es dampft. Mischung für Trinkschokolade, Zimt und Cayennepfeffer hineingeben und rühren, bis alle Zutaten aufgelöst und gut vermischt sind.

Dieser Cocktail lässt mein Herz aufgehen, weil meine Freunde und ich ihn Hunderte Male gemacht haben, wenn wir auf Camping-Trips waren, in Blockhütten übernachteten oder eine Tour in die Berge unternahmen, während Schnee lag. Diesen Cocktail trinken wir nur, wenn wir wieder alle zusammen auf Tour sind (was leider nur noch ein- oder zweimal im Jahr der Fall ist, weil wir heute zwischen beiden Küsten verstreut leben), daher ist es etwas ganz Besonderes, wenn jemand die Flasche Pfefferminzlikör und die kleinen Kakaopulver-Päckchen hervorholt. Dieser sich so gemütlich anfühlende Cocktail schmeckt wie ein warmer, schmelzender, mit Schokolade überzogener Pfefferminztaler in der Tasse. Sie können für das Rezept jede heiße Schokolade verwenden, aber besonders himmlisch schmeckt es mit meiner selbst gemachten Mischung (gegenüberliegende Seite).

SNUGGLERS

ERGIBT 1 BECHER

1 Teil Pfefferminzlikör

6 Teile klassische heiße
Schokolade

Den Likör in einen Becher heiße Schokolade rühren, bis beide gut vermischt sind.

✦ VARIANTE ✦

Eine andere Version, die ich auch gerne mache, nenne ich Smugglers – eine Mischung aus mexikanischer heißer Schokolade (Rezept gegenüberliegende Seite) und Pfefferminzlikör, manchmal noch mit einem Schuss Cognac.

Glühwein gehört zu den Dingen, für die jeder sein eigenes Rezept hat, meist mit einer geheimen Zutat, wie bei der Barbecue-Sauce oder dem Schmorbraten. Hier ist meine geheime Zutat: Ahornsirup. Früher habe ich zum Süßen des Weins Zucker genommen, aber ich finde, dass Ahornsirup dem Wein eine tiefere, weichere Süße verleiht und ihn so veredelt. Ahornsirup passt besonders gut zu Weinen mit Aromen von dunklen Früchten wie Pflaume, schwarzer Johannisbeere und Brombeere. Wählen Sie einen etwas dunkleren Ahornsirup, der intensiv und fast wie brauner Zucker schmeckt.

GLÜHWEIN MIT ORANGEN UND AHORNSIRUP

ERGIBT 8 TASSEN

2 Flaschen (à 750 ml) Rotwein

120 ml Ahornsirup

1 TL Koriandersamen

2 Zimtstangen

12 Pimentkörner

2 Sternanis

1 Lorbeerblatt

2 mittelgroße unbehandelte Orangen, quer halbiert

120 ml Weinbrand

Wein, Ahornsirup und alle Gewürze in einen Topf geben und diesen bei mittlerer Temperatur auf den Herd stellen. Die Orangen über dem Topf auspressen und die Schalen hinzufügen. Alles zum Köcheln bringen, Temperatur herunterschalten und den Wein 30 Minuten ziehen lassen, damit sich die Aromen entfalten können. Den Weinbrand hinzufügen und den Glühwein mit einer Kelle in Becher füllen, dabei Gewürze und Orangenschale im Topf zurücklassen.

GEWÜRZ-EXPLOSION

Um die Aromen der Gewürze noch zu verstärken, rösten Sie sie in dem Topf bei mittlerer Temperatur etwas an, bevor Sie die anderen Zutaten in den Topf geben.

Dieser warme und duftende Apfel-Glühwein mit einem Schuss Whiskey ist voller feuriger Gewürze, die jedoch nicht das zarte Apfelaroma erdrücken. Es reicht nicht, nur ein paar Zimtstangen oder einen Beutel Glühweingewürz in den Wein zu geben, wichtig ist die richtige Mischung der Gewürze, die die natürliche Säure und Süße der Äpfel ausbalancieren und betonen soll. Nehmen Sie einen sehr guten Apfelwein, dann bekommen Sie einen guten Apfel-Glühwein. Wählen Sie am besten einen trüben, vollmundigen Apfelwein.

APFEL-GLÜHWEIN MIT VANILLE UND BOURBON

ERGIBT 4 BECHER

1 l Apfelwein

2 Zimtstangen

4 Kardamomkapseln, mit einer Messerschneide aufgedrückt

4 Gewürznelken

¼ TL Koriandersamen

½ Vanilleschote, aufgeritzt

120 ml Bourbon

Apfelwein und alle Gewürze in einem Topf bei mittlerer Temperatur zum Köcheln bringen, dann Temperatur auf niedrig herunterschalten und die Mischung 30 Minuten ziehen lassen. Vor dem Servieren den Bourbon einrühren, dann den Glühwein in Becher schöpfen.

Ein Camping-Kochbuch ist einfach nicht komplett ohne S'mores, die leckeren Kekssandwiches mit am Lagerfeuer gegrillten Marshmallows und Schokostücken. Aber man braucht kein Rezept, um zu wissen, wie man Marshmallows grillt. Nehmen Sie diese »Rezepte« stattdessen als Inspiration für Ihr nächstes süßes Gelage am Lagerfeuer, wenn Sie die üblichen Kombinationen aus Marshmallows, Schokolade und Keksen etwas aufpeppen wollen.

S'MORES AUF 6 ARTEN

ERDBEER-S'MORES

gegrillte Marshmallows

Erdbeeren (frisch oder über dem Feuer angewärmt)

dunkle Schokolade

Kekse

ERDNUSSBUTTER-BANANEN-S'MORES

gegrillte Marshmallows

Bananenscheiben

Reese's Peanut Butter Cups

Schokokekse

CHOCOLATE-CHIP-COOKIE-S'MORES

gegrillte Marshmallows

Milchschokolade

Chocolate Chip Cookies

NUTELLA-KARAMELL-S'MORES

gegrillte Marshmallows

Nutella

gesalzene Karamell-Schokolade

Kekse

MANDEL-KONFITÜREN-S'MORES

gegrillte Marshmallows

Himbeerkonfitüre

Mandelmus

dunkle Schokolade mit Mandelstückchen

Kekse

ERDNUSSBUTTER-KARAMELL-S'MORES

gegrillte Marshmallows

crunchy Erdnussbutter

Karamellschokolade

Schokokekse

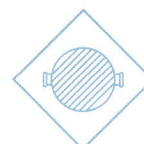

»SOME MORES« (S'MORES)

Die Geschichte der S'mores ist nicht ganz geklärt, aber das erste Rezept für »Some Mores« wurde 1927 in einem Handbuch namens Tramping and Trailing with the Girl Scouts veröffentlicht. Das Originalrezept weist die Mädchen an, »zwei Marshmallows über den Kohlen bis zu einem knusprig-klebrigen Zustand zu rösten und sie dann in ein Sandwich aus Graham-Kräckern und einem Riegel Schokolade zu legen.« Auch wenn das nach »some more« (noch mehr davon) schmeckt, ist eins davon genug. Etwa 10 Jahre später wurde in diversen Veröffentlichungen der zusammengezogene Begriff »s'more« daraus, der sich bis heute erhalten hat.

Jeder hat seine eigene Vorstellung von einem perfekten S'more. Soll die Schokolade geschmolzen sein oder nicht? Soll das Marshmallow dunkelbraun geröstet oder nur goldbraun sein? Zwar gibt es bei dieser klassischen Leckerei eigentlich kein Richtig oder Falsch, aber ich habe in meinem Leben so viele S'mores gegrillt (und auch verbrannt), dass ich hier ein paar Erfahrungen mitteilen möchte.

TIPPS & TRICKS FÜR S'MORES

Man muss ein Marshmallow nicht an einem Stock grillen.
Tatsächlich braucht man gar keine Art von Spieß. Legen Sie Ihr zusammengestelltes S'more einfach in die Mitte eines Stücks extrastarker Alufolie, wickeln Sie es fest darin ein und legen Sie es ein paar Minuten auf den Grillrost oder in die Nähe der Kohle. Fischen Sie Ihr Päckchen mit einer Grillzange wieder heraus. Das Marshmallow wird zwar keine goldene Kruste haben, aber es wird wunderbar klebrig sein und die anderen Zutaten werden geschmolzen oder zumindest erwärmt sein.

Ein gegrilltes Marshmallow bringt die Schokolade nicht wirklich zum Schmelzen.
Die Hitze von einem noch sehr heißen Marshmallow bringt vielleicht die Oberfläche der Schokolade zum Glänzen, aber sie schmilzt sie nicht. Schmelzen Sie stattdessen Ihre Zutaten lieber einzeln. Legen Sie ein Stück Schokolade auf einen Keks und legen Sie diesen über indirekte Hitze auf den Grillrost. Wenn die Schokolade genügend geschmolzen ist, nehmen Sie den Keks herunter und legen dann noch das gegrillte Marshmallow auf die Schokolade.

S'mores für viele zu machen ist ganz einfach.
Um mehrere S'mores auf einmal zu machen (vielleicht ist Ihnen ja sogar gerade selbst danach), stellen Sie eine gusseiserne Pfanne auf den Rost und setzen Ihre belegten Kekse hinein. Wenn der Belag geschmolzen ist, nehmen Sie die Kekse mit einem Pfannenwender heraus und legen sie auf die Teller. Diese Methode verhindert auch, dass die Kekse anbrennen oder durch den Rost fallen. Die Marshmallows werden die anderen Camper natürlich selbst grillen wollen!

Sie brauchen kein Lagerfeuer, um S'mores zu machen.
Wenn Sie einen tragbaren Grill mit Deckel haben, können Sie S'mores machen, ohne noch extra ein Feuer anzünden zu müssen. Setzen Sie einen Keks mit Schokolade und dem Marshmallow auf den Grillrost, schließen Sie den Grill für ein paar Minuten, und schon schmelzen die Zutaten wunderbar.

Sie können Ihrer Fantasie freien Lauf lassen.
Wenn Sie niemals den S'more-Bereich von Keks/Schokolade/Marshmallow verlassen haben, dann erwartet Sie eine schöne Abwechslung.

Variieren Sie Ihre S'mores mit verschiedenen Keksarten, verwenden Sie zum Beispiel aromatisierte Kekse (Zimt oder Schokolade), Haferkekse, Vanillewaffeln, Ingwerkekse oder Sirupwaffeln. Auch Rührkuchenstücke, Brownies, gefüllte Kekse oder Reiswaffeln können als leckere Grundlage dienen!

Testen Sie verschiedene Schokoladensorten, zum Beispiel weiße, dunkle und extradunkle. Oder ausgefallene Geschmacksrichtungen wie gesalzene Karamellschokolade, Chili-Orangen- und Pfefferminz-Schokolade.

Experimentieren Sie mit Ihren liebsten Konfitüren, Marmeladen, Nussbuttersorten oder mit Karamellsauce, Schokoladensirup oder frischen Beeren.

Diese schmelzenden, köstlichen Leckereien sind für unseren Trupp Camping-Tradition. Wenn das Feuer nur noch leicht brennt und uns nach einem Mitternachts-Snack ist, legen wir ein paar dieser Folienpäckchen in die noch heiße Asche. Die Bananen werden so cremig, dass es einem so vorkommt, als würde man ein schokoladiges Erdnussbutter-Bananen-Soufflé löffeln. Man kann die Bananen-Schiffchen ganz verschieden füllen, und so sind unsere jedes Mal etwas anders, je nachdem, was wir so eingepackt haben. Um die Tradition zu begründen, bauen Sie eine Bananen-Schiffchen-Bar auf, an der sich jeder sein eigenes Dessert fürs Lagerfeuer zusammenstellen kann.

GEBACKENE BANANEN-SCHIFFCHEN

ERGIBT 4 PORTIONEN

4 mittelgroße Bananen
135 g Erdnussbutter
45 g Chocolate Chips
55 g Pekannusskerne

In der Feuergrube eine Schicht aus glühend heißer Kohle vorbereiten.

Jede Banane auf ein Stück Alufolie geben, in der Schale längs aufschneiden, dabei die Enden ganz lassen, sodass die Banane noch zusammenhält. Nun jedes »Bananenschiff« mit der gleichen Menge Erdnussbutter, Chocolate Chips und Pekannusskernen füllen. Die Banane eng in Alufolie wickeln und direkt auf die heiße Kohle legen. Etwa 10 Minuten backen, bis die Bananen weich und die Chocolate Chips geschmolzen sind.

VARIANTE

Diese Bananen-Schiffchen kann man mit fast allem füllen – probieren Sie mal Walnusskerne, Marshmallows, Mandelmus, Erdnussbutter-Chips, Karamellsauce oder zerdrückte Kekse aus (zum Beispiel die, die oft in der Keksschachtel übrig bleiben).

2 EL flüssiger Honig

2 TL Zimtpulver

225 g Crème fraîche

4 Birnen, halbiert
und entkernt

Anmerkung: Ich nehme am
liebsten Red-Bartlett-Birnen für
dieses Rezept, aber jede andere
Sorte geht auch.

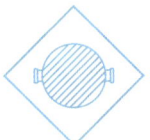

Diese Birnen sind leicht, butterweich und passen gut zu einem Glas Rosé oder Weißwein – eine schöne Art, den Tag zu beenden.

GEGRILLTE BIRNEN MIT HONIG-ZIMT-CRÈME-FRAÎCHE

Einen Grill auf mittlere Temperatur erhitzen.

Inzwischen Honig und Zimt in die Crème fraîche rühren (direkt in den Behälter, um Abwasch zu sparen), bis alles gut vermischt ist.

Die Birnen auf den Grill legen und 3–5 Minuten backen, dabei einmal umdrehen, bis die Birnen weich sind und deutliche Grillstreifen aufweisen.

Jede Birne mit einem Klecks der gesüßten Crème fraîche servieren.

ERGIBT 4 PORTIONEN

2 EL Butter

2 EL brauner Zucker

4 mittelgroße Feigen,
längs halbiert

2 mittelgroße Pfirsiche,
entsteint und in Scheiben
geschnitten

Wenn Ihnen nach dem Abendessen noch nach etwas Süßem ist, Sie aber keine Lust auf ein aufwendiges Dessert haben, dann sind diese karamellisierten Früchte genau das Richtige. Die Glasur unterstreicht den Geschmack, ohne die Frische zu zerstören. Mit einem Stück Rührkuchen oder etwas Joghurt ein wahrer Genuss.

KARAMELLISIERTE FEIGEN UND PFIRSICHE

Die Butter in einem kleinen Topf bei mittlerer Temperatur schmelzen. Zucker zufügen und alles etwa 2 Minuten rühren, bis die Mischung schaumig und goldbraun wird.

Feigen und Pfirsiche gut unterrühren. Etwa 3 Minuten unter gelegentlichem Umrühren köcheln lassen, bis die Früchte weich werden und ihr Saft austritt.

Die Früchte auf Teller verteilen und die Butter-Zucker-Mischung darübergeben.

360 g Vielzweck-
Backmischung (Seite 44)

475 ml Buttermilch

Olivenölspray

680 g Erdbeeren,
geputzt und halbiert

2 Stangen Rhabarber,
in Scheiben geschnitten

50 g Zucker

115 g Butter, in Flöckchen

 VARIANTE

Sie können für dieses Rezept jede Früchtekombination nehmen oder einfach
nur Ihr Lieblingsobst. Generell nehme
ich 680-900 g Obst für einen Auflauf.

SCHNELLER SAUBERMACHEN

Egal, wie sehr man Fruchtaufläufe auch
liebt, sie sind einfach super klebrig
und es macht Mühe, danach alles wieder sauber zu bekommen – vor allem
nachts, wenn das Letzte, was man tun
möchte, das Putzen und Säubern des
Dutch Oven ist. Um sich das Saubermachen zu erleichtern, legen Sie den
Dutch Oven mit einer doppelten Lage
extrastarker Alufolie aus und berechnen Sie einen großzügig hochgezoge-
nen Rand, damit der Fruchtsaft nicht
überläuft. Sie können auch extra für
den Dutch Oven gemachte Alu-Einweg-
schalen kaufen. Sie sehen wie tiefe Auf-
laufschalen aus und sind in Größe und
Form so gemacht, dass sie in einen normal großen Dutch Oven passen.

*Jahrelang habe ich im Camp den Obstauflauf gemacht, der in jedem Scout-Koch-
buch steht – der, für den man einfach nur eine Schachtel Backmischung und
ein paar Dosen Obst zusammenrühren muss. Dann stieg ich eine Stufe auf und
nahm frisches Obst … immer noch mit der Fertig-Backmischung, denn als ich be-
schloss, den Auflauf im Camp zu machen, waren wir schon im Supermarkt. Und
da war die Backmischung einfacher, als die Zutaten einzeln zu kaufen. Deswegen
ist dieser Auflauf bei Campern ja so beliebt – er ist super einfach und mit der
Backmischung hat man vier Sachen weniger auf der Einkaufsliste. Machen Sie
aber meine Vielzweck-Backmischung vorher zu Hause, dann haben Sie es genauso einfach wie mit der gekauften – und ohne irgendwelche fragwürdigen Zutaten.*

OBST-AUFLAUF AUS DEM DUTCH OVEN

ERGIBT 6–8 PORTIONEN

Einen Berg Holzkohle, Hartholzkohle oder Grillbriketts vorbereiten
(siehe Seite 25).

Inzwischen die Backmischung und die Buttermilch in einer großen
Schüssel verrühren, bis alles gut vermischt ist.

Einen Dutch Oven dünn mit Öl einsprühen (oder mit Alufolie auslegen, siehe »Schneller saubermachen«, links auf dieser Seite) und
Erdbeeren und Rhabarber hineingeben. Zucker hinzufügen und
gut mit dem Obst verrühren. Den Teig über das Obst gießen und die
Butterflöckchen gleichmäßig darauf verteilen.

Etwa ¼ der Kohlen ringförmig in der Kochstelle auslegen (siehe
Seite 32-34). Den Dutch Oven auf den Kohlenring stellen, zudecken
und 1½ Ringe Kohlen auf den Deckel legen.

Bei mittlerer Hitze 20–25 Minuten backen, bis die Kruste des Auf-
laufs goldbraun ist.

BACKEN IM GEBIRGE

Wenn Sie im Camp auf einer Höhe von mehr als 900 m ein Dutch Baby backen wollen, gibt es einen Trick, damit der Pfannkuchen schön aufgeht. Nehmen Sie extragroße Eier oder Mehl mit hohem Proteingehalt oder beides. Durch die höhere Proteinmenge kann im Teig ein Klebergerüst gebildet werden, bevor Ihre schöne Kreation als Folge des niedrigen Luftdrucks zusammenfällt. Geben Sie an Orten auf 1.500 m Höhe 1 großes Ei und 1–2 EL proteinreiches Mehl zusätzlich in den Teig. Auf 2.400 m oder höher fügen Sie 2 große Eier und 2–4 EL Mehl hinzu.

Da sich Höhe und Luftfeuchtigkeit auf jedem Ihrer Campingplätze unterscheiden können, müssen Sie vielleicht mit der Menge von Eiern und Mehl etwas experimentieren, um das perfekte Verhältnis zu finden. Aber es wird trotzdem köstlich schmecken.

120 g Vielzweck-
Backmischung

110 g brauner Zucker

½ TL Zimtpulver

6 große Eier

240 ml Milch

Olivenölspray

55 g Butter

3 mittelgroße Äpfel,
entkernt und in 6 mm breite
Scheiben geschnitten

Puderzucker

 VARIANTE

Probieren Sie dieses Rezept mit Birnen oder halb Äpfeln, halb Birnen. Wenn im Sommer frische Beeren erhältlich sind (am schönsten sind wilde Blaubeeren, die Sie nahe dem Camp gesammelt haben), backen Sie das Dutch Baby mit einer beliebigen Beerenmischung und streuen Sie vor dem Servieren noch eine Handvoll frische Beeren darüber.

Ein Dutch Baby kann man zum Frühstück, zum Dessert und wieder zum Frühstück essen. Es ist ein Pfannkuchen mit vielen Eiern – oder eine Kombination aus Pfannkuchen und Popover, wenn man so will. Normalerweise serviert man ein Dutch Baby zum Frühstück, es ist aber auch als Dessert köstlich, wenn man es mit vielen saftigen, frischen Früchten und warmem braunem Zucker serviert. In den USA wird das Dutch Baby manchmal auch deutscher Pfannkuchen genannt, da das Gericht von diesem abstammt. Der Begriff »Dutch« bezieht sich auf die deutschsprachigen Einwanderer, auch als Pennsylvania Dutch bekannt.

DUTCH BABY MIT ZIMTÄPFELN

ERGIBT 6 PORTIONEN

Zu Hause

Mehlmischung, 55 g braunen Zucker und ¼ TL Zimt in einem wiederverschließbaren Gefrierbeutel mischen und bis zur Verwendung an einem trockenen, kühlen Ort aufbewahren.

Im Camp

Einen Berg Holzkohle, Hartholzkohle oder Grillbriketts vorbereiten (siehe Seite 25).

Inzwischen Eier, Milch und Mehlmischung in einer Schüssel sehr gut verrühren.

Etwa ¼ der Kohlen in der Kochstelle ringförmig auslegen (siehe Seite 32-34). Den Dutch Oven dünn mit Öl einsprühen und auf der Kohle erhitzen. Die Butter in dem Topf schmelzen, dann die Eiermischung hineingießen. Die Äpfel gleichmäßig darauf verteilen und mit dem übrigen Zucker (55 g) und dem restlichen Zimt (¼ TL) bestreuen. Deckel auflegen und 1½ Ringe Kohlen darauflegen.

Bei mittlerer Hitze 20–25 Minuten backen oder bis der Pfannkuchen aufgegangen und über und über goldbraun ist. (Rufen Sie die Kinder, damit sie die Kreation bewundern können, denn sobald der Topf von der Hitze genommen wird, fällt Ihre Kreation nach dem Öffnen des Deckels schnell in sich zusammen.)

Den Pfannkuchen vor dem Servieren mit Puderzucker bestauben.

QUELLEN

Hier bekommen Sie die in diesem Buch angegebenen Geräte und Utensilien zum Campen und Kochen beziehungsweise eine Inspiration, was man alles so benötigt.

Aerobie AeroPress
www.aerobie.com/product/aeropress
Kaffee- und Espressobereiter

Campz
www.campz.de
Campingausstattung

Campsuds
www.sierradawn.com
Biologisch abbaubare Allzweckseife

Coleman
www.coleman.com
Campingherde und Campingzubehör

Dr. Bronner's
www.drbronner.de
Biologisch abbaubare, reine Flüssig-
Olivenölseife

GSI Outdoors
www.gsioutdoors.com
Zubehör fürs Outdoor-Kochen

Kai USA Pure Komachi 2
www.kaiusaltd.com
Keramikmesser

Lodge Cast Iron
www.lodgemfg.com
Gusseiserne Dutch Oven, Pfannen und
Zubehör

Nalgene
www.nalgene.com
Auslaufsichere Flaschen und Gefäße

New West Knifeworks
www.newwestknifeworks.com
Stahlmesser mit Lederscheiden

ORCA Coolers
www.orcacoolers.com
Rotationsgegossene Kühlboxen

REI
www.rei.com
Outdoor-Freizeitzubehör

Stansport
www.stansport.com
Zusammenklappbare Camping-
Grillgeräte

Thermos
www.thermos.com
Stainless King® vakuumisolierte
Flaschen

TravelChair
www.travelchair.com
Campingstühle und -tische

Weber
www.weber.com
Tragbare Gas- und Kohlegrills

DANKSAGUNGEN

Als begeisterte Camperin und leidenschaftliche Köchin war mir klar, dass dieses Buch ein Traumprojekt war, ein Thema, das meine Seele bewegen und einen ganzen Sommer des Campens, des Kochens und der Erforschung des Westens beflügeln würde. Nur eine Sache konnte diese Erfahrung noch schöner machen: neben meinem Ehemann und Abenteuerpartner Will Taylor zu arbeiten – seine großartigen Fotografien, sein ausdauerndes Google Mapping, sein unermüdliches Fahren über alle Arten von Straßen und seine Pfadfinder-Weisheit waren für mein Buch einfach unentbehrlich. Danke, dass du meine Liebe zu den »Great Outdoors« entfacht hast und dass du die selten bereisten Wege mit mir gegangen bist.

Für meine heiß geliebte Gemma, die am ersten Frühlingstag das Licht der Welt erblickte, gerade, als ich dieses Buch zu schreiben begann. Danke, dass du das glücklichste, friedlichste und einfachste Baby bist, das eine frisch gebackene Mutter sich erhoffen kann. Ich platze vor Stolz, wenn ich dich draußen sehe, unter den Bäumen, an einem See, in den Bergen, an einem Fluss – eindeutig in deinem Element – mit jauchzendem Lachen und großäugigem Staunen über die Welt um dich herum: ein wahres Naturbaby seit seinem ersten Campingtrip im Alter von zwei Monaten.

Unbeschreiblich großen Dank an meine Eltern, die mich schon früh gelehrt haben, dass alle Zusammenkünfte sich um gutes Essen drehen. Ohne ihre unerschütterliche Unterstützung, ihre Führung, ihr Vertrauen und ihren Humor wäre ich nicht die Person, die ich heute bin.

Für meine Mannschaft, meine Gleichgesinnten, mit denen ich zahllose Camping-Mahlzeiten und Lagerfeuer-Geschichten geteilt habe, mit denen ich klettern war, an Wasserfällen gewandert und in heiße Quellen abgetaucht bin, mit denen ich Exkursionen auf Flüssen gemacht und Abenteuer auf Rucksackwanderungen erlebt habe, mit denen ich im Schnee und auf Surf-Trips war – danke für die tolle gemeinsame Zeit in der freien Natur. Ihr habt mein Leben mit Erfahrungen bereichert, von denen ich jedes Mal denke, dass sie nicht schöner sein können ... bis wir uns das nächste Mal treffen! Ihr seid tolle Menschen, ach nein, vergesst es, ihr seid die Allerbesten! Ich bin überglücklich, euch als meine Freunde zu haben.

Einen riesigen Dank an die vielen großartigen Rezepte-Tester und Outdoor-Fan-Freunde für ihr kenntnisreiches Feedback und ihre begeisterte Unterstützung dieses Projekts: Erin Murtaugh, Stephen Le, Jennifer Sankary und Alan Falgout, Amanda und Jebb Stewart, Shannon und AJ Frabbiele, Christine und Will Mason sowie Mikiko und David Bilbrey.

Mit großem Dank an meinen Redakteur Thom O'Hearn dafür, dass er dieses Buch ins Programm aufgenommen und mir die Zügel für Richtung und Inhalt überlassen hat, und an das gesamte Team von Quarto Publishing dafür, dass sie geholfen haben, The New Camp Cookbook zum Leben zu erwecken.

Dank auch an alle Leserinnen und Leser des Garden Betty Blogs, die mich zu diesem Buch angeregt haben und mich weiterhin inspirieren mit all ihren netten Anmerkungen, klugen Kommentaren und schönen Geschichten.

ÜBER DIE AUTORIN

Linda Ly ist die Autorin, Fotografin und Abenteurerin von Garden Betty, einem preisgekrönten Blog, der Slow Food, Slow Travel und Slow Living feiert. In einem kleinen Häuschen am Meer zieht sie Hunderte Obst- und Gemüsesorten und hält eine Schar Hühner im Garten, aber ihre Liebe zum Outdoor-Leben führt sie immer wieder in Wälder und in die Wildnis im ganzen Westen der USA, wo sie jedes Jahr Tausende Kilometer über Land fährt und mit der Familie und Freunden campt und kocht. Mit ihrem Ehemann und Fotografen Will, ihrem Baby Gemma und ihren zwei Möpsen wohnt sie in einem verschlafenen Fischerdörfchen an einem wenig bekannten, aber spektakulären Küstenstreifen in Los Angeles. Sie eint die Liebe zu vielen Outdoor-Aktivitäten: Surfen, Snowboarden, Skifahren, Klettern, Kayaking, Trekking. Mit großen Enthusiasmus und Begeisterung vermitteln sie gemeinsam ihrer Tochter Gemma die Freude an der frischen Bergluft, dem weiten Sternenhimmel und dem einfache Vergnügen, im Freien zu schlafen.

Besuchen Sie Linda auf gardenbetty.com

ÜBER DEN FOTOGRAFEN

Seit er sich erinnern kann, hat sich Will Taylor mit den verschiedenen Kameras der Familie aufgemacht, um die Wunder der Welt um ihn herum zu dokumentieren. Daran hat sich in all der Zeit und bis heute nicht viel verändert. Noch immer fotografiert Will im sonnigen Kalifornien reizvolle Menschen und Orte – zu seinem eigenen künstlerischen Vergnügen und für Kunden, darunter bedeutende Firmen bis hin zu Top-Modemagazinen. Er liebt die Reisen und die Abenteuer, die jede neue Aufgabe mit sich bringt. Am liebsten sind ihm Reisen zu weit entfernten und inspirierenden Orten wie die für die Bilder von Die neue Outdoorküche. Einen Ausgleich zu seiner Arbeit in der digitalen Dunkelkammer findet Will bei der Arbeit im Garten zusammen mit seiner Frau Linda, beim Wandern mit seiner abenteuerlustigen kleinen Tochter Gemma und bei vielen Arten Extremsport, vor allem bei seiner neuesten Leidenschaft, dem Weißwasser-Kayaking.

Seine neuesten Bilder: www.instagram.com/willtaylorphotography und http://www.willtaylorphoto.com

REGISTER